AF751272

www.ingramcontent.com/pod-product-compliance
Lightning Source LLC
LaVergne TN
LVHW050817051026
849532LV00008B/3007

9789369080625

فکشن کتب پر کچھ تبصرے

(حصہ : ۲)

مرتبہ:

ظفر اقبال

Fiction kutub par tabsire: Part-2 *(Books Reviews)*
by: Zafar Iqbal
Edition: October '2025
Publisher :
Taemeer Publications LLC (Michigan, USA / Hyderabad, India)

ISBN 978-93-6908-062-5

کتاب	:	**فکشن کتب پر کچھ تبصرے (حصہ:۲)**
مرتب	:	**ظفر اقبال**
پروف ریڈنگ /تدوین	:	مکرم نیاز
صنف	:	تنقید و تبصرہ
ناشر	:	تعمیر پبلی کیشنز (حیدرآباد، انڈیا)
سالِ اشاعت	:	۲۰۲۵ء
صفحات	:	۶۲
سرورق ڈیزائن	:	تعمیر ویب ڈیزائن

فہرست

بچوں کے اردو ادب میں ایک منفرد اضافہ

فلک ناز نور

انگریزی ادب میں بچوں کے لیے کئی مایہ ناز کتب لکھی گئی ہیں۔ میٹلڈا ناول انگریزی زبان کا ایک شاندار ناول ہے۔ یہ میٹلڈا نامی ایک ذہین اور بہادر بچی کی داستان ہے جسے ایک ہیروئین بچی کی بہادری اور ذہانت کے موضوعات کی وجہ سے غیر معمولی شہرت اور مقبولیت ملی۔ ۱۹۸۸ میں انگلینڈ میں پہلی بار اشاعت کے بعد دنیا بھر میں اس ناول کی سترہ ملین سے زائد کاپیاں اب تک فروخت ہو چکی ہیں۔ اس کے درجنوں زبانوں میں تراجم ہوئے، کئی اعلیٰ ایوارڈ جیتے، اس پر فلمیں اور سٹیج ڈرامے بنے۔ کئی سال گزرنے کے باوجود برطانوی سینما گھروں میں یہ ایک پسندیدہ فلم ہے۔ بی بی سی کے ایک مقبول پروگرام کے سروے کے مطابق میٹلڈا کو "قوم کی پسندیدہ بچوں کی کتاب" کے طور پر ووٹ دیا گیا۔ "میٹلڈا" آج بھی بچوں، نوجوانوں اور بڑوں میں مقبولیت کا ریکارڈ قائم رکھے ہوئے ہے۔

کتب بینی کی سب سے بڑی خوبی یہ ہے کہ یہ قاری کو ذہنی سکون سے آشنا کرتی ہے، ناولوں، کہانیوں کے کردار قاری کو اپنے سحر میں جکڑ لیتے ہیں، کہانی کے اختتام تک قاری کی بے قراری قائم رہتی ہے، میٹلیڈا کی اسی خوبی کی وجہ سے اس سحر انگیز ناولٹ کو بے شمار انسانوں کی زندگی تبدیل کرنے والی ایک ہیروئین لڑکی اور رول ماڈل بچی کے طور یاد رکھا گیا ہے۔ اس کتاب کے بارے میں ایک مبصر نے تبصرہ کیا کہ:

روالڈ ڈل نے میٹلیڈا کی شکل میں ایک ایسی ہیروئن لکھی جس نے اپنے قارئین کی زندگیوں کو بدل دیا اور انھیں دنیا کو بہتر سے بہتر کرنے کا درس دیا۔

میٹلڈا ایک جادوئی دماغ والی پانچ سالہ بچی ہے جسے والدین نے اپنے گھر میں بری طرح نظر انداز کیا اور سخت برے حالات میں رکھا۔

بچی کے والدین مسٹر اور مسز ورم بہت لاپروا اور خود غرض قسم کے انسان ہیں جنھیں بیٹی کی تعلیم و تربیت سے زیادہ دو نمبر گاڑیوں کے کاروبار میں توجہ دینا دلچسپ لگتا ہے۔

کئی سال تک بیٹی کو سکول نہ بھیجا لیکن میٹلڈا کو کتابیں پڑھنے کا بے پناہ شوق تھا۔ وہ چھپ کر علاقے کی لائبریری سے کتب پڑھتی رہی اور اپنے علم اور معلومات میں دیگر بچوں سے بھی بہت آگے بڑھ گئی۔

بڑے عرصے کے بعد جس سکول میں میٹلڈ کو داخلہ دیا گیا اس کی ہیڈ مسٹریس بہت خوف ناک منتظمہ تھی۔ سکول میں داخلے کے بعد بہت ہی زبردست قسم کے واقعات ہوئے۔ اپنی غیر معمولی صلاحیتوں اور آنکھوں کے ذریعے دوسروں کو ہپناٹائز کرنے کے قصے سمیت مزید دلچسپ باتوں کے ذریعے پورے ناول میں سنسنی خیزی، ڈرامہ اور تجسس کا عنصر قائم رکھا گیا ہے۔ میٹلڈا ناول میں مس ہنی (ایک ہمدرد اور رحم دل استانی) کا کردار بھی ہے۔

کتاب کے مصنف رولڈ ڈال کا شمار انگلینڈ اور انگریزی زبان کی دنیا میں بچوں اور نوجوانوں کے مقبول رائٹرز میں ہوتا ہے۔ ان کی خوبی بہترین قسم کی منظر نگاری ہے۔ گھر کے جابرانہ ماحول سے لے کر ہیڈ مسٹریس کی سخت مزاج شخصیت کا نقشہ مہارت سے کھینچتے ہیں۔ کتاب میں بہت سے مزاحیہ واقعات موجود ہیں۔

کئی وجوہات کی بنا پر یہ شاندار کتاب اردو کے قارئین سے اوجھل رہی ہے تاہم حال ہی میں ماورا زیب نے اس کارواں اور دلچسپ ترجمہ کر کے اسے اردو قارئین کے لیے پیش کیا ہے۔ پریس فار پیس کے پلیٹ فارم سے بچوں اور نوجوانوں کے لیے اردو زباں میں شاعری و نثر کی اصناف میں درجنوں کتب شائع ہوئی ہیں مگر میٹلیڈا ناول کا ترجمہ اپنی نوعیت کی ایک منفرد کاوش ہے جس پر ناشر اور مترجم داد کے مستحق ہیں۔ اگرچہ اس وقت پاکستان اور انڈیا میں سیکڑوں اشاعتی ادارے فروغ اردو زبان و ادب کے لیے نمایاں خدمات انجام دے رہے ہیں البتہ عالمی ادب اطفال میں شامل کئی ادبی شہ پاروں کو اردو کے قاری تک پہنچانے کے لیے ادارہ پریس فار پیس کے شعبہ ادب اطفال میں شامل مصنفین کا کردار بہت حوصلہ افزا ہے جنھوں نے کم عرصے میں اردو کے دامن کو عالمی ادب کی مایہ ناز تصانیف سے مالا مال کیا ہے۔

***

عزم اور خوابوں کا سفر

تسنیم جعفری

کتاب: عزم اور خوابوں کا سفر

مصنف: غلام مصطفی زرداری

صفحات: ۳۲۳، قیمت: ۱۸۰۰ روپے۔

دو ماہ پہلے یہ کتاب میرے پاس ترتیب و تبصرے کے لیے آئی تھی اس لیے پبلش ہونے سے پہلے ہی میں اسکو تفصیل سے پڑھ چکی تھی لیکن میں اسے پڑھ کر اتنی متاثر ہوئی کہ خود اس پر تبصرہ نہیں لکھ سکی، میں چاہتی تھی کہ اس کا پیش لفظ کوئی عمدہ مصنف لکھے جو زندگی کے فلسفے کو سمجھتا ہو۔ یہ مصنف کی پہلی ہی تصنیف ہے لیکن بہت کمال کی ہے ۳۲۵ صفحات کی یہ ایک منفرد خود نوشت ہے، انفرادیت کی وجہ مصنف کی اپنی کہانی اور شخصیت ہے اور ان کی زندگی کے مختلف پہلو ہیں۔

ایک ایماندار افیسر اور قابل احترام شخصیت جن کی اچھائی کی ان کے سبھی کولیگز اور ماتحت معترف ہیں۔

ایک سرکاری آفیسر سے اس طرح کی ادبی تحریر کی توقع نہیں کی جاسکتی، لیکن راقم چونکہ نوعمری سے ہی ادبی تھے اس لیے ریٹائر ہوتے ہی ادب کی طرف لوٹ آئے کہ انھیں کتابوں سے عشق تھا۔ انہوں نے اپنی یہ داستان حیات قسط وار لکھ کر فیس بک پر

شئیر کرنا شروع کی جس کو ان کے دوستوں نے بہت سراہا۔ دوستوں نے ہی مجبور کیا کہ اسے کتابی شکل میں لایا جائے۔

ایک بیوروکریٹ کی انوکھی آتم کتھا کے نام سے اس کتاب کا عمدہ پیش لفظ سندھ کے معروف ادیب و کالم نگار خالد بھٹی صاحب نے لکھا ہے۔ وہ لکھتے ہیں کہ یہ کتاب مصنف کی زندگی کے سفر، ان کے پختہ ارادوں اور خوابوں کی تکمیل کی کہانی ہے، کتاب کا بنیادی مقصد مصنف کی ذاتی جدوجہد، کامیابیوں اور زندگی کے تلخ و شیریں تجربات اور مشاہدات کو قارئین کے سامنے پیش کرنا ہے تاکہ وہ اس سے سبق حاصل کر سکیں اور تحریک پا سکیں۔ ان کا اندرونی جذبہ انھیں مجبور کرتا ہے کہ وہ زندگی کے مشکل حالات کو وسیع تر نکتہ نظر سے دیکھیں۔ کتاب کا مرکزی موضوع تبدیلی ہے، نہ صرف معاشرتی بلکہ مصنف کی ذاتی زندگی میں بھی تبدیلی۔ یہ محض ایک شخص کی سرگزشت نہیں بلکہ یہ حیات کے گہرے سمندر میں غوطہ زنی کا ایسا دلکش بیانیہ ہے جو قاری کو اپنے ساتھ بہا لے جاتا ہے۔ یہ کتاب ایک قلم کار کے شعور کا آئینہ ہے جس نے اپنی ذات کے نہاخانوں سے لے کر کائنات کے وسیع و عریض کینوس تک ہر نقش کو بڑی خوبصورتی اور ایمانداری سے تراشا ہے۔ یہ خودنوشت بذات خود ایک مکمل فلسفہ ہے۔ یہ عنوان ایک وعدہ ہے کہ کتاب ہمیں صرف ایک شخص کی کہانی نہیں سنائے گی بلکہ ہمیں دکھائے گی کہ کس طرح عزم کے پروں پر سوار ہو کر خوابوں کی وسعتوں کو چھوا جا سکتا ہے۔ یہ کتاب صرف مصنف کے ذاتی تجربات کی عکاسی نہیں کرتی بلکہ ہر انسان کے لاشعور میں پنپنے والے اس پختہ ارادے اور نامکمل خوابوں کی داستان بن جاتی ہے جو اسے زندگی کی کٹھن راہوں پر چلنے کی ترغیب دیتے ہیں۔

مصنف نے اپنے مقدمے کو نہایت ادبی پیرائے میں ڈھالا ہے۔ زندگی کو ایک

رنگین پوشاک سے تشبیہ دینا جس کے تار و پود امید جد و جہد اور کامیابی سے بنے گئے ہوں، کمال فن کی مثال ہے۔ یہ استعارہ قاری کو فوری طور پر اپنی گرفت میں لے لیتا ہے اور اسے احساس دلاتا ہے کہ وہ محض خشک حقائق نہیں بلکہ ایک جاندار، محسوس کی جانے والی حقیقت پڑھنے والا ہے۔

خالد بھٹی صاحب کا جاندار پیش لفظ بذات خود کتاب کی بہت عمدہ اور خوبصورت تفسیر ہے۔ مصنف نے گاوں میں گزاری زندگی کو اور اپنے بچپن کو جس طرح تنگ حالات میں گزارہ اسے بھی نہایت دلچسپ انداز میں تحریر کیا ہے اور اپنی نوعمری اور افسری کے بعد دوستوں کے ساتھ گزرے والی زندگی کو بھی پر مزاح انداز میں بیان کیا ہے۔ آخری باب میں انسان کی حقیقت بیان کرتے ہوئے اپنی ڈائری سے چند پیرے لکھتے ہیں، "میں بے خبر ہوں، وقت کا بہاو جاری ہے، ہر نیا لمحہ میری زندگی کو کھا رہا ہے، موت کسی انجانی جگہ میرے انتظار میں ہے، زندگی کا رستہ اچانک کہیں ختم ہو جائے گا، مٹی اپنی اصل مٹی میں جا ملے گی"۔

زندگی کی تلخ و شیریں حقیقتوں کو پر لطف انداز میں بیان کی گئی اس خودنوشت کو پڑھ کر آپ بھی احساس اور امید کے سمندر میں غوطہ زن ہو جائیں گے۔

مصنف کی یہ پہلی ہی تصنیف متاثر کن ہے۔ اسے نوجوانوں کو بھی ضرور پڑھنا چاہئے جنہیں اس سے امید، حوصلہ اور خوابوں کو پورا کرنے کا ہنر ملے گا۔ اللہ تعالی ان کے قلم کو مزید تقویت بخشے۔ اس پہلی تصنیف کے ساتھ ہم مصنف کو ادبی دنیا میں خوش آمدید کہتے ہیں۔ اس مثالی خودنوشت کو پریس فار پیس نے نہایت عمدہ طور شائع کیا ہے۔

***

افسانوی مجموعہ 'آگہی' از عالیہ شمیم

کومل شہزادی

اردو افسانے کی روایت ہمیشہ سے سماجی حقیقتوں، داخلی کیفیات اور تہذیبی شعور کی ترجمانی کرتی آئی ہے۔ اس روایت میں خواتین افسانہ نگاروں نے ایک الگ اور گہرا زاویہ متعارف کروایا ہے جس میں ذاتی تجربے، کرب اور نسوانی شعور کی شدت شامل ہوتی ہے۔ اسی سلسلے میں مصنفہ کا افسانوی مجموعہ "آگہی" ایک اہم سنگ میل کی حیثیت رکھتا ہے جو نہ صرف اسلوبی طور پر منفرد ہے بلکہ فکری لحاظ سے بھی گہرائی وگیرائی رکھتا ہے۔

"آگہی" کی بنیاد نسوانی شعور پر رکھی گئی ہے۔ انھوں نے عورت کو صرف مظلوم، تابع یا روایتی کردار کے طور پر نہیں پیش کیا بلکہ اسے ایک بااختیار، سوچنے اور سوال کرنے والی ہستی کے روپ میں سامنے لایا ہے۔ ان کا افسانوی کینوس اس عورت کا عکس ہے جو اپنے سماجی حصار کو توڑ کر خود کو جاننے اور پہچاننے کی تگ ودو میں ہے۔

سترہ افسانوں پر مشتمل یہ مجموعہ پریس فارپیس پبلی کیشنز سے شائع ہوا ہے۔ ہر افسانہ منفرد ہے۔ اول افسانہ بھی آگہی کے عنوان سے ہے۔ اس کتاب میں موجودہ دور کے معاشرتی رویوں اور روایات پر تنقیدی نظر ڈالی گئی ہے۔ یہ اپنی کہانیوں کے ذریعے سماج کی اصلاح کی کوشش کرتی ہیں۔

"آگہی" افسانہ ایک عورت کی زندگی کے مختلف پہلوؤں کو اجاگر کرتا ہے، جہاں وہ

غربت، سماجی دباؤ، اور خاندانی ذمہ داریوں کے درمیان اپنی شناخت اور خودی کی تلاش میں سرگرداں ہے۔ یہ کہانی عورت کے جذبات، قربانیوں، اور معاشرتی توقعات کے درمیان توازن قائم کرنے کی جدوجہد کو بیان کرتی ہے۔ آگہی افسانے میں ایک مجبور ماں اور بے سہارا عورت نے اپنے بچے کو دین کی قربت میں رکھنے کے لیے عیش و عشرت میں پالنے کی بجائے غربت کو ترجیح دی۔۔۔اس کا ماننا تھا اپنا بیٹا غریبی میں پال لوں گی مگر کسی بے دین کو نہیں دوں گی۔۔۔

عالیہ شمیم کی تحریریں عام طور پر مقصدیت پر مبنی ہوتی ہیں اور وہ ادب کو زندگی کے اظہار کا ذریعہ سمجھتی ہیں۔

علامتی پیرایہ اظہار نے ان کے افسانوں کو کئی سطحوں پر باندھ دیا ہے۔ ان کے ہر افسانے میں معنوی گہرائی ہے۔ یہ علامات محض خوبصورتی یا آرائشی پہلو نہیں بلکہ افسانے کے بنیادی خیال کو باندھنے والا فکری دھاگا ہیں

"آگہی" محض نسوانی مسائل کا اظہاریہ نہیں بلکہ یہ ایک ایسے سماج کا تجزیہ ہے جو عورت کو صرف جسم، رشتہ، یا کردار کی قید میں دیکھتا ہے۔ اس محدود تصور کو توڑ کر عورت کو ایک شعوری ہستی کے طور پر پیش کیا ہے۔

یہ سب ان کے افسانوں کی روح ہیں۔ یہ افسانے کہیں سے بھی سطحی یا واقعاتی نہیں، بلکہ فکری اور نفسیاتی پیچیدگیوں کا بیان ہیں۔

یہ مجموعہ اردو افسانے میں علامتی و نسوانی افسانہ نگاری کے دائرے میں ایک خاص مقام رکھتا ہے۔ اس کی ادبی قدر صرف اس کی تکنیک یا زبان میں نہیں بلکہ اس شعور میں ہے جو یہ افسانے قاری کے ذہن میں منتقل کرتے ہیں۔ "آگہی" ان تخلیقات میں شامل ہے جو ادب کو محض بیان سے نکال کر شعور کی تبدیلی کا ذریعہ بناتی ہیں۔ اس مجموعے میں

شامل افسانے محض کہانیاں نہیں بلکہ عورت کی داخلی کشمکش، سماجی بندشوں، اور وجودی سوالات کا عکاس ایک فکری احتجاج ہیں۔ یہ افسانے قاری کو صرف محظوظ نہیں کرتے بلکہ سوچنے پر مجبور کرتے ہیں کہ وہ معاشرہ، رشتے اور خود اپنے وجود کو کس نظر سے دیکھ رہا ہے۔

ان کا اسلوب محض سادہ بیانیہ نہیں بلکہ ایک شاعرانہ نثر ہے جو داخلی کیفیات کو ایک مخصوص لطافت کے ساتھ پیش کرتی ہے۔ وہ براہ راست مکالمہ آرائی کے بجائے کردار کی اندرونی کشمکش کو بیانیہ انداز میں بیان کرتی ہیں، جس سے ہر کردار کی گہرائی میں جھانکنے کا موقع ملتا ہے۔ ان کے افسانے قاری سے فوری ردعمل کی توقع نہیں رکھتے بلکہ وہ اسے آہستہ آہستہ جذب کرتے ہیں، ذہن و دل میں جگہ بناتے ہیں اور سوچ کے نئے در وا کرتے ہیں۔

افسانہ نگار کا اسلوب علامتی، شعری اور پراثر ہے۔ وہ مکالموں کے بجائے کردار کے باطن کو بیانیہ انداز میں سامنے لاتی ہیں، جس سے قاری کو کردار کے اندر جھانکنے کا موقع ملتا ہے۔ ان کی زبان میں نرمی، درد، اور شدتِ احساس کی ایک حسین آمیزش ہے۔ استعارات اور تمثیلات کا استعمال افسانوں میں تہ داری پیدا کرتا ہے۔

ان کے کردار مکمل طور پر جیتے جاگتے، روزمرہ زندگی سے جڑے ہوئے اور اپنی محرومیوں، خوف، امیدوں اور الجھنوں میں گم ہیں۔ ہر کردار کے ذریعے مصنفہ نے کسی نہ کسی سماجی یا نفسیاتی مسئلے کی نشاندہی کی ہے۔ خاص طور پر خواتین کرداروں میں خودی کی تلاش اور جبر کے خلاف خاموش بغاوت ایک مشترک موضوع ہے۔

"آگہی" کے افسانے محض قصے نہیں بلکہ انسانی شعور اور سماجی تضادات کی تہوں میں اترنے کی ایک کوشش ہیں۔ ان میں وجودی الجھن، ماحولیاتی اثرات، اور سماجی

منافقت پر علامتی انداز میں روشنی ڈالی گئی ہے۔ مصنفہ نے "آگہی" کو ایک فکری جدوجہد کا عنوان بنا کر اردو افسانے میں علامتی بیانیے کو مضبوطی سے پیش کیا ہے۔

المختصر، آگہی عالیہ شمیم کی فکری پختگی، نسوانی شعور اور علامتی اسلوب کا بہترین نمونہ ہے۔ یہ مجموعہ اُن قارئین کے لیے خاص اہمیت رکھتا ہے جو محض تفریح نہیں بلکہ ادبی متن کے ذریعے معاشرے کو سمجھنے اور بدلنے کی خواہش ہیں۔ یہ افسانے اردو ادب میں عورت کی نئی شناخت، خود شعوری، اور شعور کی بیداری کا ایک دلنشین استعارہ ہیں۔

***

مظہر اقبال مظہر کا سفر نامہ 'کاغذی سرحدوں کے آرپار'

قانتہ رابعہ

حضرت انسان کی فطرت میں ہے کہ وہ چھوٹے یا بڑے کسی سفر پر جائے تو اپنے انداز میں اس کے متعلق بتاتا ہے تاہم اس روداد سفر میں جو

از قسم کاروبار یا میل ملاقات کے لئے کیا جائے اور ایک روداد سفر جو سفر صرف اور صرف سیر و تفریح اور فطرت سے قریب ہونے کے لئے کیا جائے بہت فرق ہوتا ہے۔

کاغذی سرحدوں کے آرپار ایسا ہی سفر نامہ ہے جو صرف یورپ کے ان معروف مقامات کو دیکھنے کے لئے کیا گیا جو تاریخ کے کسی نہ کسی حوالے سے اہمیت رکھتے ہیں۔

یہ سفر نامہ پی ایف پی نے بہت اہتمام سے شائع کیا ہے عمدہ طباعت اور قدرے موٹے فونٹ کے ساتھ ہر مقام کی تصویری جھلکیوں کے ساتھ یورپ کے تاریخی مقامات سے دلچسپی رکھنے والوں کے لئے یہ بیش بہا خزانہ ہے۔

سفر نامہ کے آغاز ہی میں قاری کو معلوم ہو جاتا ہے کہ صاحب کتاب جن مقامات کو دیکھنے کی تمنا رکھتے ہیں ان کے متعلق مکمل ہوم ورک کر کے ہی گھر سے روانہ ہوئے ہیں۔

انگلینڈ سے بیرون ممالک بذریعہ ہوائی جہاز جانے کی بجائے مصنف نے اپنے اہل خانہ کے ہمراہ کار پر جانے کا فیصلہ کیا اور ایک سیاح ہونے کے ناطے یہ بہترین فیصلہ تھا کیونکہ اپنی سواری ہونے کا فائدہ یہی ہوتا ہے کہ جہاں چاہیں اور جب چاہیں اپنے ذوق کی

تسکین کا سامان کر سکتے ہیں اور اچھے سیاح کی یہ خوبی ہے کہ وہ وقت کی بچت کی بجائے اپنے شوق کی تکمیل چاہتا ہے یوں یہ ایک بہترین سفر نامہ ہے جو یورپ کے ممالک فرانس، اٹلی، سوئٹزرلینڈ وغیرہ کے بارے میں قارئین کی بہت عمدگی کے ساتھ رہنمائی فراہم کرتا ہے۔

سفر نامہ میں اچھے سفر نامہ کے تمام لوازمات موجود ہیں وہاں کی جتنی اہم مشہور عمارتیں ہیں ان کے تذکرے کے ساتھ ان کی تاریخی اور جغرافیائی اعتبار سے اہمیت اور بطور سیاح احساسات بھی شامل ہیں۔

سفر نامہ میں جناب مظہر اقبال صاحب اپنی اہلیہ اور صاحبزادی کے ہمراہ فرانس سے سفر کا آغاز کرتے ہیں لیکن دورا سفر تمام جزئیات بتاتے ہوئے قاری کو بھی شامل کرتے ہیں۔

فرانس جائیں اور انقلاب فرانس کی بات نہ ہو یہ کیسے ممکن ہے فرانس کے شہر پیرس جائیں ایفل ٹاور کی زیارت نہ کریں یہ ایسا ہی جیسے کراچی جائیں اور سمندر دیکھے بغیر واپس آجائیں۔

ایفل ٹاور کی سیاحت پر مشتمل باب کا عنوان،، آئرن لیڈی کا جادو،، ہے۔

نوٹرڈیم، یہ وہ نام ہے جس نے ادب میں ایک الگ تشخص برقرار رکھا ہے، نوٹرڈیم کا کبڑا عاشق، بہت سوں نے پڑھ رکھی ہوگی بہر حال ایفل ٹاور کی سیاحت کی تفصیلات کے بعد نوٹرڈیم بذریعہ نائٹ کروز کی باری آتی ہے۔ پیرس میں مونٹمار کا عالیشان بیسیلیکا نوٹرڈیم کا کیتھیڈرل مونس پارک جسے اٹھارویں صدی میں انگریزی اور فرانسیسی طرز تعمیر کے ملاپ سے بنایا گیا کسی بھی سیاح کے لئے مسحور کن مقامات ہیں۔

پیرس جو تاریخ، ادب، اور ثقافت کا روشن مینار ہے اپنے دامن میں بے شمار عجائبات

رکھتا ہے جناب مظہر اقبال صاحب ان تمام عجائبات کے فن تعمیر پر روشنی ڈالتے ہوئے اپنے خوبصورت ادبی بیانیے میں قاری کو یوں ساتھ رکھتے ہیں کہ کئی مرتبہ رک کر سوچنا پڑتا ہے کہ یہ تفریحی اور تاریخی مقامات زیادہ مسحور کرتے ہیں یا ادب کی چاشنی میں لپٹے یہ جملے۔۔ اگر سچ پوچھیں تو مجھے بہت سے مقامات پر اتنی عمدہ اور شستہ نثر پر اچھے افسانہ نگار ہونے کا گمان ہوا۔

خاص طور پر ایشیئن آرٹس میوزیم کی روداد سناتے ہوئے ان کا قلم ایک قابل رشک نثر نگار کا قلم بن جاتا ہے

ان کی تحریر میں تشنگی نہیں ہونے کی ایک وجہ شاید یہ بھی ہے کہ ان کے میزبان کی بیٹی ماریہ جو بطور گائڈ ان کے ہمراہ ہے وہ فرنچ ہسٹری کی طالبہ رہ چکی ہے اور ان کی صاحبزادی علینہ تاریخ سے بے پناہ دلچسپی رکھتی ہیں یوں کھوجنے کے عمل میں پختہ کار کھوجی ساتھ ہوں تو آپ کو سفر میں تشنگی نہیں رہتی۔

پیرس کا دل یعنی شانزے لیزے کے بارے میں لکھتے ہیں:

" دن کے کسی بھی حصے میں شانزے لیزے سے گزریں تو بلند و بالا عمارات سونے اور چاندی کے زیورات کی مانند چمک رہی ہوتی ہیں۔ رات کے وقت عمارتوں کی کھڑکیوں سے باہر جھانکنے والی روشنیاں سڑک پر سجی رنگین لائٹس کے ساتھ مل کر دلکش منظر پیش کرتی ہیں جو رنگ و نور کا جادوئی سیلاب بن کر پورے ماحول کو مسحور کن بنا دیتا ہے۔۔ شانزے لیزے کا سحر وہاں کی مختلف قسم کی سرگرمیوں سے ہے

میں نوٹ کر رہی تھی کہ ہر مقام کی سیاحت کا تزکرہ کرتے ہوئے مظہر اقبال صاحب نے لفظ جادوئی بہت کثرت سے استعمال کیا ہے خواہ وہ آرٹ گیلری ہو یا جان اوف آرک لیکن جس کا عنوان ہی "مونٹ سینٹ مشیل کا جادوئی جزیرہ" ہو اس کو دیکھتے

ہوئے کیا احساسات ہوں گے۔۔ واللہ لطف آگیا بالکل اسی طرح ڈزنی لینڈ کی جادو نگری کی روداد بھی جادو ہی لگتی ہے اٹلی جاتے ہوئے فرانس کی سرحد پار کرنا انہیں کشمیر اور مقبوضہ کشمیر کی سرحد یاد دلاتا ہے بلکہ "کیلی کا معلق پل" کی روداد میں وہ خود لکھتے ہیں:

اگر صرف قدرتی مناظر کی بات کی جائے تو فرانس اور سوئٹزر لینڈ کے سیاحتی مقامات کشمیر کے سیاحتی مقامات سے زیادہ مختلف نہیں تھے

نوٹرڈیم کیتھیڈرل کی سیاحت میں لکھتے ہیں یہ گوتھک فن تعمیر کا شاہکار ہے جو اپنی شان و شوکت کے ساتھ صدیوں کی کہانی سناتا ہے یہ عمارت کسی راہب کی مانند لگتی ہے جو دنیا سے بے نیاز صرف عبادت میں مگن ہو کیتھیڈرل کی فضا میں گونجتی دعائیں اور قدموں کی مدہم چاپ ایک اداس سمفنی جیسی محسوس ہوتی ہے تاریخی مدفن کے قریب سے گزرتے ہوئے صدیوں کے غم اور ماتم کو محسوس کیا جاسکتا ہے جیسے ہوا میں ماضی کے درد بکھرے ہوں پتھروں اور دیواروں میں سرگوشیوں کی عجیب دنیا بستی ہو نوٹرڈیم کی سنجیدگی اور خوبصورتی منفرد تجربہ ہے جیسے خاموش گیت جو دل کی گہرائیوں کو چھو جائے۔

یہ کتاب کے پہلے ستر اسی صفحات کے مطالعہ سے نوٹس لئے ہیں جبکہ شیٹیلی کے محلات وہاں کا ہارس میوزیم، ورسائی کا پر فتن قلعہ بھی پڑھنے سے تعلق رکھتے ہیں۔

کتاب کے نام کی وضاحت کرتے ہوئے سفر نامہ نویس لکھتے ہیں:

چھ گھنٹے کی ڈرائیو کے بعد ہم اٹلی سوئٹزر لینڈ اور فرانس کی سرحد پر واقع مونٹ بلانک پہاڑ کی سرنگ کے دہانے پر پہنچ گئے یہ انوکھی سرحد ہے جس کے اندر داخل ہوتے ہی دونوں ممالک کی سرحدیں دھیرے دھیرے مل کر جدا ہو جاتی ہیں یہ تبدیلی بغیر کسی شور یا ہنگامے کے ہوتی ہے اچانک میرا ذہن ہزاروں میل دور کشمیر میں میری جنم بھومی

راولا کوٹ کے قریب تیتری نوٹ بارڈر کراسنگ پوائنٹ کی طرف چلا گیا میں سوچنے لگا
ایک طرف یورپی سرحدیں ہیں جہاں ایک ملک سے دوسرے ملک جانا اتنا آسان ہے نہ
خاردار تار نہ توپوں کا شور نہ کوئی فوجی نہ کسی چوکی پر پابندیاں

دوسری طرف وہ سرحد ہے جو کشمیر کی زمین پر نہیں بلکہ کشمیریوں کے دلوں پر
کھینچی گئی ہے۔

ہم کشمیری ان یورپی ملکوں جیسی قسمت لے کر کیوں نہیں پیدا ہوئے؟

کہنے کو یہ ایک بے ضرر سا سوال ہے لیکن حقیقت بہت تلخ اور اذیت پر مبنی جواب
پر مشتمل ہے۔

سفرنامہ بہت طویل نہیں ہے لیکن یورپی ممالک میں جانے والوں کے لئے ایک
رہنما ہے۔

***

پھولوں کی زباں از احمد حاطب صدیقی

نصرت نسیم

ایک ہی پھول سے سب پھولوں کی خوشبو آئے
اور یہ جادو اسے آئے جسے اردو آئے

اردو کی اس حسینہ نازنیں کے لیے اختر شیرانی نے فرمایا:

دنیا کی سب زبانیں بوڑھی سی ہو چکی ہیں
لیکن ابھی جواں ہے اردو زباں ہماری

تو اس جوان دلربا، حسینہ نازنیں کے جہاں بے شمار دشمن اور بدخواہ اور حاسد ہر دور میں رہے ہیں۔ وہاں اس کے چاہنے والوں اور عاشقان باصفا کی بھی کمی نہیں رہی۔ جنہوں نے اردو کی ترقی و ترویج کے لیے تن من دھن کی بازی لگادی۔

مولوی عبدالحق اردو کے ایسے عاشق تھے کہ جس کی کوئی مثال نہیں ملتی۔ شاہد احمد دہلوی لکھتے ہیں کہ ایک دفعہ گھر والوں نے گونتھ گانتھ کر ان کی شادی کر دی تھی تو مولوی صاحب نے حیدرآباد واپس پہنچ کر طلاق نامہ بھیج دیا۔ اصل میں ان کی شادی تو اردو سے ہو چکی تھی۔ اردو سے انہیں اتنی محبت تھی کہ اس پر سوکن لانا نہیں چاہتے تھے۔ ساری عمر اردو کی خدمت میں ہی گزار دی۔ اگر وہ بیوی بچوں کے بکھیڑوں میں الجھ جاتے تو اردو کو وہ مقام حاصل نہ ہوتا جو اسے حاصل ہے۔

گاندھی نے جب یہ تحریک چلائی کہ اردو مسلمانوں کی زبان ہے، قرآن کے حروف میں لکھی جاتی ہے تو مولوی صاحب نے انہیں خوب آڑے ہاتھوں لیا اور بتایا کہ نہ تو یہ مسلمانوں کی زبان ہے نہ ہی قران کے حروف میں لکھی جاتی ہے۔ مولوی صاحب نے اپنی تمام جمع پونجی اردو کی ترقی و ترویج کے لیے وقف کر دی۔ گاندھی سے ٹکر لینے کے بعد مولوی صاحب اردو کے قائد اعظم بن گئے اور "بابائے اردو" کہلانے لگے۔ مولوی صاحب پاکستان آئے، انجمن اردو کو جما لیا اور اردو کالج بھی قائم کیا، اس کالج میں تمام مضامین اردو میں پڑھائے جانے لگے۔ اس کالج کے نتائج نے ثابت کیا کہ اردو کو ذریعہ ء تعلیم بنایا جائے تو زیادہ اچھے نتائج نکل سکتے ہیں۔ کالج کے تجربے کے بعد مولوی صاحب اردو یونیورسٹی بنانا چاہتے تھے مگر حکومت کی بے توجہی کی بنا پر نہ بنا سکے۔

اردو سے ان کی محبت کا یہ عالم تھا کہ وقت آخر اکثر بے ہوش رہتے جب ہوش آتا تو کچھ بولتے، کان لگا کر سنا جاتا تو ایک سرگوشی سنائی دیتی صرف دو لفظ ان کے قریب رہنے والوں نے سنے، "انجمن اور اردو"

اردو کے عشاق کے قافلے میں احمد حاطب صدیقی صاحب بھی شامل ہیں جو اپنے قلم، فکر و فن سے اردو کو اس کا کھویا ہوا مقام دلانے کے لیے کوشاں ہیں۔

احمد حاطب صدیقی صاحب سے نیشنل بک فاؤنڈیشن کے کتاب میلے میں ادب اطفال کے پروگرام میں ملاقات ہوئی۔ پھر "کتاب بیتی" کے پروگرام میں فتح محمد ملک کے پروگرام میں شرکت کی اور ان کے اخلاق اور منکسر المزاجی نے متاثر کیا۔

یوں تو اکثر اخبارات میں غلط العام اور زبان و بیان کے حوالے سے کالم لکھے جاتے رہے ہیں مگر احمد حاطب صدیقی کے کالم منفرد انداز اور اسلوب رکھتے ہیں۔ کالمز کا یہ مجموعہ "پھولوں کی زبان" پریس فار پیس فاؤنڈیشن نے شائع کیا ہے۔ اس کا پہلا باب

کرتن تنیا ایسا دل چسپ کہ جو توجہ اور انگلی یوں پکڑ لیتا ہے کہ آپ اس کے سحر سے نہیں نکل سکتے۔

کس طرح لب پہ ہنسی بن کے فغاں آتی ہے
مجھ سے پوچھو مجھے پھولوں کی زباں آتی ہے

احمد حاطب صدیقی صاحب کا یہ دعویٰ بالکل درست ہے کہ انہیں پھولوں کی زباں پر پورا پورا عبور حاصل ہے۔ اس کتاب کو پڑھ کر اقبال کا مصرع یاد آیا:

نقش ہیں سب ناتمام خون جگر کے بغیر

تو یہ کتاب یہ کالم جو انہوں نے لکھے اس کے لیے انہوں نے کس قدر محنت اور عرق ریزی سے کام لیا، لغات کھنگالیں، تحقیق کی، یہ اتنا اسان کام نہیں تھا۔ یہ کالم جو پڑھنے میں آسان دکھائی دیتے ہیں اس کے پیچھے ان کی محنت، ان کی لگن، اردو سے، ملک و قوم سے محبت صاف دکھائی دیتی ہے، ان کی علمیت اور شیرینیء گفتار کا قائل ہونا پڑتا ہے۔

جس طرح وہ پرت در پرت معنی و مفہوم کی گتھیاں سلجھاتے چلے جاتے ہیں، ساتھ ساتھ گرامر کی باریکیاں سمجھاتے ہیں۔ اساتذہ کی شاعری سے عمدہ مثالیں، گویا یہ کالم صرف زبان و بیان سے متعلق نہیں اس میں معلومات عامہ، دینی معلومات، اساتذہ کا بہترین کلام، ادبی چٹکلے، سیاسی حالات، ذرائع ابلاغ کی زبوں حالی، تعلیمی نظام کے سقم غرض یہ کہ اسے بارہ مسالے کی چاٹ کہہ لیں یا دھنک کے تمام رنگوں کی آمیزش سے مزین ہمہ جہت ہمہ رنگ کالم جس کی دلربائی، دل کشی، شائستگی اور شرینی گلزار کی بات کی تائید کرتی ہے کہ اردو بولیں تو جیسے ایک مٹھاس سی منہ میں گھلتی ہوئی محسوس ہوتی ہے۔ شگفتگی، شستگی اور عمدہ اسلوب میں عمدہ واقعات موضوع کی مناسبت سے سناتے چلے جاتے

ہیں۔

جیسا کہ یہ واقعہ، میر انیس جیسے بڑے شاعر نے تعریف کرتے ہوئے یہ مصرع کہہ دیا:

گنج نبی کے گوہر یکتا حسین ہیں

گنج کا مطلب ہے خزانہ گوہر موتی کی مناسبت سے گنج کا لفظ استعمال کیا گیا ہے لیکن دبیری بیٹھے تھے انہوں نے ہنگامہ مچادیا توبہ توبہ استغفار یہ کیا کہہ دیا، انیس نے فوراً مصرع بدلا:

بحر نبی کے گوہر یکتا حسین ہیں

بحر سمندر کو کہتے ہیں اور موتی سمندر سے ہی نکلتا ہے لہذا گوہر کی مناسبت سے بحر کا استعمال غلط نہ تھا۔ اب وہ شور اٹھا کہ گنجے کے بعد بہرے توبہ توبہ انیس تو دوزخی ہو گئے۔ انیس نے فوراً پینترا بدلا اور مصرع یوں دہرایا:

کان نبی کے گوہر یکتا حسین ہیں

کان سے ہیرے نکلتے ہیں ہیرے موتی کے الفاظ ایک ساتھ استعمال کیے جاتے ہیں اب تو دبیریوں نے چیخ وپکار شروع کر دی اب کانے بھی کہہ دیا ہے انیس تو لعنتی دوزخی ہو گیا ہے۔ انیس نے پھر مصرع پڑھا:

کنز نبی کے گوہر یکتا حسین ہیں

کنز عربی کا لفظ ہے اور اس کا مطلب ہے زمین میں دفن کیا ہوا خزانہ اب اس لفظ کے استعمال سے کوئی ضم کا پہلو نہ نکلتا تھا یوں انیس کی جان چھوٹی۔

"عوام مخنث ہو گئے" بہت دلچسپ کالم۔

"کان کن، یا کان کن" ایک اور دلچسپ کالم جو بہت معیاری اشعار سے مزین ہے۔

یکا یک ایسے جل بجھنے میں لطف جاں کنی کب تھا
جلے اک شمع پر ہم بھی، مگر آہستہ آہستہ
یہ کائنات ابھی ناتمام ہے شاید
کہ آرہی ہے دمادم صدائے کن فیکون

ہمارے ذرائع ابلاغ رومن حروف میں اردو لکھنے کی عادت کو رواج دے رہے ہیں۔ انہیں اندازہ ہی نہیں کہ وہ ہماری قوم کے عقائد، تہذیب اور ثقافت کو کتنا دورس نقصان پہنچانے کے درپے ہیں۔ "عروس اردو کے لیے رومن فراک میں" یہ نکتہ انہوں نے بخوبی سمجھایا ہے

"یہ لشکری زبان ہے یا لشکر فرنگ"

میں لکھتے ہیں: اردو لشکری زبان ہے۔ دیگر زبانوں کی طرح انگریزی زبان سے بھی اردو نے لاتعداد الفاظ قبول کیے ہیں مگر لشکری زبان ہونے کا یہ مطلب کہاں سے نکل آیا کہ صرف اور صرف فرنگی الفاظ کا لشکر ہی اپنی لغت سے کود کود کر اردو میں دندناتا پھرے اور دند مچایا کرے۔

احمد حاطب صدیقی کے ان کالمز میں مذہبی، سیاسی، ادبی واقعات اور بر محل اشعار کا لطف الگ سے تحریر کے حسن کو دوبالا کرتا ہے۔ "گل افشانی گفتار" میں بھی حاطب صاحب نے گل افشانی گفتار کے خوب جوہر دکھائے ہیں۔

پھر دیکھئے انداز گل افشانی گفتار
رکھ دے کوئی پیمانہ صہبا مرے اگے
"تیسرے مصرے میں ور کیا ہے"

بہت ہی عمدہ اور چشم کشا کالم ہے۔ کل سے دل کی کل بگڑی ہے جی مارا بے کل ہو کر

اج لہو آنکھوں میں آیا درد و غم سے رو رو کر
طینت میں وفا، رخ پہ شجاعت کے اثر تھے
گنتی میں بہتر تھے مگر لاکھ پہ ور تھے
ور حسابم را تو بینی ناگزیر
از نگاه مصطفی پنہاں بگیر

"وزیر اعظم کے دربار میں توتی کی آواز" بہت دلچسپ باب ہے۔

"سر کڑاہی میں" ایک اور بہت ہی دلچسپ کالم ہے۔ ایک اقتباس ملاحظہ کیجیے:

اب گھروں میں رکھی ہوئی کڑاہی بھی کراہنے لگی ہے کیونکہ اس کی جگہ فرائی پین نے لے لی ہے۔ جس پر منجمد کھانے پگھلا لیے جاتے ہیں۔ اب اپنے باورچی خانے میں کڑاہی چڑھا کر مزے مزے کے پکوان تلنے کی بجائے شہروں کی خواتین شنواری جا کر کڑاہی کھانے پر اصرار کیا کرتی ہیں۔

مائیکرو ویو اوون ننھی لہروں کی اس تنور میں سرد کھانوں کے ساتھ ساتھ سرد مہری کا شکار ہو جانے والی دوسری چیزیں اور بھی رکھ دی گئی ہیں۔ سب کی سب ساتھ ہی دم پخت ہو گئیں۔ گھروں میں بولی جانے والی شیریں زبان، رسیلا لب و لہجہ، با محاورہ گفتگو، تربیت اطفال، بالخصوص بچیوں کی تربیت خاندانی روایات، تہذیب اور تمدن سبھی کچھ اس تیز رفتار چولھے میں جھونک دیا گیا ہے۔

یہ بدلتی ہوئی اقدار اور مٹتی ہوئی روایات کا کیا ہی دلسوز اظہار ہے۔ یوں تو ہر باب ہر کالم ایسا ہے کہ دل چاہتا ہے کہ ذکر کروں مگر طوالت کے خوف سے کچھ چنیدہ اور پسندیدہ ابواب کا ذکر کیا۔

زبان کی لطافت، باریکیاں، نازک خیالی دیکھنی ہو تو

"نثر کا باپ ؟ ارے باپ رے باپ !"

اس باب میں کنایہ کنیت کی وضاحت بہت عمدگی سے کی گئی ہے۔

لسانیات ایک خشک موضوع ہے لیکن احمد حاطب صدیقی کے شگفتہ رواں دواں اور دل نشیں اسلوب نے اس ایک دلربا دستاویز میں ڈھال دیا ہے۔ چنیدہ کالموں کا یہ مجموعہ جو ۲۰۲ صفحات پر مشتمل ہے۔ پریس فار پیس نے بہت اہتمام سے چھاپا ہے۔ اس کا خوبصورت سرورق ابرار گردیزی صاحب کا بنایا ہوا ہے۔ 'پھولوں کی زباں' ابو نثر کی اعلیٰ نثر اور اس شیریں زباں کی شیرینی کا نمونہ ہے۔ طالب علموں کے ساتھ ساتھ اساتذہ کے لیے بھی یہ کتاب انتہائی مفید اور کار آمد ہے۔

***

تسنیم جعفری کا سفر نامہ چین

ڈاکٹر نوشین خالد

تسنیم جعفری ادب اطفال کا ایک اہم نام ہیں۔ ان کی تیس سے زائد کتب شائع ہو چکی ہیں۔ تسنیم بنیادی طور پر سائنس فکشن رائٹر ہیں۔ چین کی ترقی میں سائنس کا کردار کے نام سے بھی کتاب لکھ چکی ہیں۔ یہ جو چین کو علم سے نسبت ہے ان کی اب تک شائع ہونے والی سب سے ضخیم کتاب اور پہلا سفر نامہ ہے۔

اس سے پہلے بہت سے اہل قلم چین کے سفر نامے لکھ چکے ہیں۔ ہم ان کے نقطہ نظر سے چین کو دیکھ چکے ہیں۔ ان میں جمیل الدین عالی، ابن انشاء کا چلتے ہو تو چین کو چلیے، سلمی اعوان کا چین کا سفر درپیش ہے اور حیرت بھری آنکھ میں چین شامل ہے۔ یہ سفر نامہ اس لحاظ سے منفرد ہے کہ اس میں پاسپورٹ، ویزہ پراسیس، ایئر چائنا کے سفر سے آغاز ہوتا ہے اور پھر چینی ثقافت، معاشی ترقی، سائنسی ترقی، شہریوں کی عادات واطوار، تفریحی مقامات کی تفصیلات بیان کی گئی ہیں۔ اس سفر نامہ میں پہلی بار چین جانے والے افراد کے لیے معلومات کو یکجا کر دیا گیا ہے اور جو جا چکے ہیں ان کی یادوں کو محفوظ کر دیا گیا ہے۔

انتساب میں آپ لکھتی ہیں۔

اس مشرقی عجوبے کو سلام

جس کے چپے چپے پر ایک عجوبہ موجود ہے
جس کی ترقی حیران کن ہے
اور جس کا رویہ بے مثال ہے
جس نے سبقت پا کر بھی
دنیا کو اپنا اچھا پہلو ہی دکھایا
اور اپنا بیسٹ دیا

تسنیم اپنے بھائی شوکت کی دعوت پر چین گئیں، جنہوں نے چین میں رہنے والے پاکستانیوں کی راہنمائی کے لیے ابابیل نامی ویب سائٹ بنائی ہے۔ اس کتاب کا عنوان بھی ان کے بھائی نے تجویز کیا۔ اس کی وجہ تسمیہ یہ لکھتی ہیں کہ حضرت محمدؐ چین سے آنے والے قافلوں سے چین کے بارے میں سوالات کرتے تھے۔ چین اس دور میں بھی علم و فن کا گہوارہ تھا۔ آج چین اپنے علم و فن سے دنیا کو حیران کر رہا ہے۔ اپنا سورج بنا چکا ہے، تھری گارجز ڈیم جو دنیا کا سب سے بڑا ڈیم ہے اور اب تک کا انجینئرنگ کی دنیا کا سب سے مہنگا پراجیکٹ ہے۔ اس کے علاوہ گلاس برج جس کی ہزاروں سیڑھیاں چڑھ کر اوپر جاتے ہوئے مصنفہ کی سانس پھول گئی، فن تعمیر کا نمونہ ہے۔ چین نے دریا کے دریا منتقل کر دیئے دریائے یانگ سی کا پانی زرد دریا میں ڈالا گیا۔

بقول اقبالؒ

عالم ایجاد میں ہے جو صاحب ایجاد
ہر دور میں کرتا ہے طواف اس کا زمانہ

سفر نامے میں چینی کھانوں اور طرز زندگی کی دلچسپ تفصیلات بیان کی گئی ہیں۔ اس میں جن ریستورانوں کا ذکر ہے ان میں مبارک دادا ریسٹورنٹ، سلطان ریسٹورنٹ، ہاٹ

پاٹ ریسٹورنٹ، زم زم ریسٹورنٹ، شالیمار ریسٹورنٹ اور خان بابا ریسٹورنٹ شامل ہیں۔ ائیر چائنا کے سفر کے دوران مصنفہ کو سادہ بن کے ساتھ بغیر دودھ کے قہوہ نما چائے، انڈے اور میٹھا دہی پیش کیا جاتا ہے۔ طویل سفر کے بعد مصنفہ گھر آتی ہیں تو منتظر بھابھی ڈبل روٹی کے ساتھ انڈوں کا خاگینہ پیش کرتی ہیں۔ پھر ہر جگہ تواتر سے یہی کھانا اور اتنے زیادہ انڈے ایک وقت میں کھانا پاکستانیوں کو عجیب لگے گا۔ بھابھی تسنیم کے لیے بڑے شوق سے ڈمپلن بناتی ہیں جو چینی ثقافت کا حصہ ہیں۔ مصنفہ کی چینی نو مسلم بھابھی نداشعائرِ اسلام کی پابند ہیں اور مسلمانوں سے زیادہ حلال اور حرام کا خیال رکھتی ہیں۔

مصنفہ لکھتی ہیں کہ چینیوں کا طرز زندگی ہی ان کی ترقی کا راز ہے۔ رات کو جلدی سوتے ہیں، صبح خیز ہیں یوں بجلی کی بچت ہوتی ہے۔ چینی، چینی کو زہر سمجھتے ہیں، ہر پارک اور تفریح گاہ کے ساتھ ایروبکس کے لیے جگہ مختص ہے۔ مصنفہ کی چینی بھابھی ایروبکس کو ڈانس سمجھتی ہیں۔ چینی گھروں میں کھانا کم بناتے ہیں، زیادہ تر ریستورانوں سے کھاتے ہیں اور گھر میں چائے کے ساتھ بریڈ یا بسکٹ عام ناشتہ ہے۔ چینی ہر کھانے کے ساتھ گرم پانی پیتے ہیں۔ گاڑیوں کی جگہ پبلک ٹرانسپورٹ اور سائیکل نے لے لی ہے۔ مصنوعی جنگلات اگا کر فضائی آلودگی پر قابو پایا ہے۔ توانائی کے لیے تھری گارجز ڈیم ایک بڑا منصوبہ ہے جو یانگ سی دریا کی تین گھاٹیوں پر بنایا گیا۔ اس کے علاوہ شمسی توانائی، ونڈ ٹربائن اور کوئلہ سے توانائی عام ہے۔ چینیوں نے اپنے رہنما ماؤزے تنگ کی قیادت میں انقلاب برپا کر دیا ہے۔ ماؤزے تنگ بیجنگ یونیورسٹی سے منسلک تھے۔ ماؤ نے ۱۹۲۵ میں اپنا شہرہ آفاق نظریاتی مقالہ پیش کیا جس میں طبقاتی تفریق کی وجوہات بیان کی گئیں۔ اس کے بعد چین سے طبقاتی تفریق کا خاتمہ کر دکھایا۔

گیا دورِ سرمایہ داری گیا

تماشا دکھا کر مداری گیا
گراں خواب چینی سنبھلنے لگے
ہمالہ سے چشمے ابلنے لگے
علامہ اقبالؒ

اس سفر نامے کے ۵۴ ابواب ہیں۔ مصنفہ نے ڈیڑھ ماہ کے قیام کے دوران شمال سے جنوب کی جانب سفر کیا۔ چین میں قیام کے دوران مصنفہ نے جن شہروں کا سفر کیا ان میں بیجنگ، شنگھائی، دونگ لی، خفے، چھاہو، چھنداؤ، پھنگو اور شین چیان شامل ہیں۔ دنیا کے آٹھ عجوبوں میں سے ایک عجوبہ دیوار چین ہے۔ مصنفہ کے بقول جس نے دیوار چین نہیں دیکھی اس نے چین نہیں دیکھا۔ مصنفہ اپنے قیام کے دوسرے روز ہی دیوار دین دیکھنے گئیں۔ شہر ممنوعہ میں مصنفہ نے ماؤزے تنگ کا مقبرہ دیکھا، جن کے جسد خاکی کو شیشے کے تابوت کے اندر محفوظ کر کے رکھا ہوا ہے۔

تسنیم دار لحکومت بیجنگ کے بعد شنگھائی دیکھنے گئیں۔ ۲۰۰۳ء میں پردہ سکری پر چلنے والی جیکی چن کی فلم شنگھائی نائٹ نے دنیا بھر کے سیاحوں کی توجہ شنگھائی کی جانب مبذول کی۔ شنگھائی میں جہاں مصنفہ دنیا کی طویل القامت بلڈنگ شنگھائی ٹاور اور گرینڈ حیات ہوٹل دیکھنے جاتی ہیں وہیں شنگھائی میں سمندر کے اندر ریل کے سفر کے لیے دنیا کی سب سے بڑی سرنگ کا تذکرہ ملتا ہے۔ سرنگ میں مصنوعی آسمان بھی بنایا گیا ہے اور سفر کے دوران پتہ بھی نہیں چلتا کہ آپ سمندر کے اندر سفر کر رہے ہیں۔ ساحلی تجارتی شہر چھنداؤ میں سمندر کے اوپر بنے پل پر سفر کرتے ہوئے مصنفہ پر ہیبت طاری ہو جاتی ہے۔ دونگ لی کے تاریخی آثار مصنفہ کو شہنشاہوں کے دور میں لے جاتے ہیں جہاں اس دور کے بازار جوں کے توں موجود ہیں۔ محلات اور بازاروں میں شہنشاہوں کے زیر

استعمال ملبوسات اور ظروف موجود ہیں۔ مصنفہ پھنگو کا گلاس برج دیکھنے جاتی ہیں جو فن تعمیر کا نمونہ ہے۔

بقول شاعر

اے جذبہ دل گر میں چاہوں

ہر چیز مقابل آجائے۔۔۔

چینی بنیادی طور پر ایک مہذب قوم ہیں ان کی عادات کے ساتھ ساتھ، ان کے گھر اور شہر بھی صاف ستھرے ہوتے ہیں۔ اسلامی طریقہ کے مطابق بیت الخلاء گھر سے باہر بناتے ہیں۔ سوائے واش روم کے گھر میں کہیں آئینہ نہیں لگاتے۔ مصنفہ ڈپلومیٹس ریزیڈنس کمپاؤنڈ میں پاکستانی ڈپلومیٹ کے ہاں مہمان بنتی ہیں۔ چین میں پاکستانی سفارتخانے کے سکول میں جاتی ہیں جو چین میں موجود واحد غیر ملکی سکول ہے۔ مصنفہ چین کے عظیم الشان شاپنگ مال، سولانہ شاپنگ مال، امریکن چین وانڈا مال اور اکیا کی فرنیچر آؤٹ لیٹ میں شاپنگ کے لیے جاتی ہیں۔

کتاب ۲۷۰ صفحات پر مشتمل ہے۔ مصنفہ اپنے کیمرے سے تصاویر بھی بناتی رہیں جنہیں ہر باب میں شامل کیا گیا ہے۔ کتاب کی تزئین و آرائش سید ابرار گردیزی نے کی ہے۔ سرورق پر چین کے تمام اہم مقامات کو سمو دیا گیا ہے۔

***

نادیہ حسن کی تصنیف نیلا قالین

تہذین طاہر

"نیلا قالین" نادیہ حسن کی پہلی کتاب ہے۔ جبکہ وہ پندرہ سال کی عمر سے لکھ رہی ہیں۔ اب تک ان کی کئی کہانیاں منظر عام پر آچکی ہیں۔ "نیلا قالین" کتاب دلچسپ اور سبق آموز کہانیوں کا مجموعہ ہے۔نادیہ حسن لکھتی ہیں!

"کہا جاتا ہے بچے کسی بھی قوم کا قیمتی سرمایہ ہوتے ہیں۔ ان کا روشن مستقبل انہی کے مرہون منت ہے۔ بچوں کی پوشیدہ صلاحیتوں کو نکھارنا، ان کو بری عادتوں سے آگاہ کرنا اور دور رکھنا ہی ہماری اولین ترجیح ہے۔ بچے بہت معصوم ہوتے ہیں ماحول کا اثر بہت جلد لے لیتے ہیں، ان کی اصلاح اور تربیت کی جائے تو معاشرہ امن و سکون کا گہوارہ بن جاتا ہے۔ بس یہی سوچ میری ہر کہانی لکھنے کی وجہ بنی۔ جب بھی میں کہانی کا موضوع سوچتی تو ارد گرد نظر ڈالتی، اگر کوئی بات غلط نظر آتی تو اس کی مذمت پر کہانی لکھتی تاکہ نئی نسل اس سے اجتناب کر سکے اور اگر بات اچھی لگتی تو اس کی تعریف میں کہانی لکھتی تاکہ اس سے متاثر ہو کر دیگر لوگ بھی عمل کریں"۔

بے شک بچوں کے لیے لکھنا ایک مشکل عمل ہے لیکن اگر مقصد بچوں کی بہتر تربیت اور انہیں اچھے بُرے کاموں سے آگاہ کرنا ہو تو موضوعات مل ہی جاتے ہیں بس ذرا سی نظر ثانی کی ضرورت ہوتی ہے۔

نادیہ حسن صاحبہ نے اپنی اس پہلی کتاب کا انتساب اپنے والد محترم کے نام کیا۔ جنہوں نے زندگی کے ہر موڑ پہ ان کی رہنمائی کی، انہیں ہمت اور حوصلہ دیا، مشکلات سے لڑنا اور جینا سیکھا۔ بے شک باپ کا سایہ ایک ایسی عمارت کی طرح ہوتا ہے جو اپنے بچوں کو ہر طرف کے طوفان، اندھیری، بارش، گرمی، سردی، سے بچاتا ہے۔

کتاب میں ۲۳ کہانیاں موجود ہیں۔ ہر کہانی اپنے اندر ایک سبق لیے ہوئے ہے۔ کئی کہانیاں پڑھ کر آنکھیں نم ہو جاتی ہیں۔ جن موضوعات پر کہانیاں رقم کیں ان میں شامل ہیں "آخری تاریخ، غیبی طاقت، شکر قندی، چوری، مقابلہ، اپنی مدد، حسن ظن، ایک سال بعد، یہ ڈاکٹر لوگ، بیٹا، تھوری دیر بعد، چاند رات، ایک بڑھیا کی کہانی، نیلا قالین، یاد ماضی، دیہاتی پولیس، ایک رات، دو دکانیں، سوچا کسی نے!، چھان بورے والا، نو دن، میں بے چارہ موبائل، مومنہ اور فضہ۔

محترمہ نے کہانیاں لکھتے وقت بچوں کی دلچسپی کو خاص طور پر مد نظر رکھا ہے۔ کتاب کے عنوان "نیلا قالین" پر بھی کہانی موجود ہے۔ جس میں ایک غریب بچے کی ترقی کا راز پوشیدہ ہے۔ ایک نیلے قالین نے بچے کو دن رات محنت کرنے پر اکسایا اور ہر گزرتا دن بچے کے لیے ترقی کی راہِ کھولتا چلا گیا اور پھر وہ وقت بھی آن پہنچا جب بچے نے اپنی محنت سے اپنی منزل کو پا لیا۔ محنت کرو تو کیا ہو سکتا نہیں۔ ایسا ہی کچھ اس کہانی میں بھی ہوا۔ ایک نیلے قالین کی وجہ سے اسے تھپڑ کھانے پڑے تھے اور آج وہی بچہ قالین کی فیکٹری کا مالک بن گیا۔ اور اس فیکٹری میں بننے والی قالین کی مانگ بیرون ممالک تک ہونے لگی۔ میری نظر میں یہ ایک موٹیویشنل کہانی ہے۔ جن بچوں کو کہا جاتا ہے کہ وہ کچھ نہیں کر سکتے، ناکارہ ہیں بے کار ہیں۔ تو دراصل وہ سب سے زیادہ لائق اور ہونہار ہوتے ہیں۔ وہ چاہیں تو کیا نہیں کر سکتے۔ لہٰذا بچوں کو ڈی گریڈ نہ کریں ان کا حوصلہ بڑھائیں تاکہ وہ زندگی

کو کھل کر جی سکیں۔ اور یہ بات ہمیشہ یاد رکھیں آئن سٹائن کو سکول سے اس لیے نکالا گیا کیونکہ وہ ایک نالائق اور ناکارہ بچہ تھا۔ جبکہ اس کی ماں نے اسے دنیا کے سامنے مثال بنا دیا۔ اس لیے جب بھی کوئی بچہ یا نوجوان مایوسی کے گھپ اندھیرے کی طرف جانے لگے تو اردگرد کے لوگ اس کے لیے چراغ بن جائیں تاکہ وہ اندھیرے میں گرنے سے بچ جائے۔ بچوں کا حوصلہ بڑھائیں۔ انہیں ایسی کتابیں پڑھنے کے لیے دیں جن سے ان کی تربیت کے ساتھ ساتھ انہیں زندگی گزارنے کے ہنر سے بھی واقفیت ہو۔

زیر نظر کتاب کو بہت خوبصورتی اور دلجمعی سے تیار کیا گیا ہے۔ ہر کہانی کے ساتھ ایک سکیچ بھی موجود ہے جو کتاب کی خوبصورتی میں مزید اضافہ کر رہا ہے۔ کتاب کا سرورق بہت دیدہ زیب ہے۔ کتاب کا سرورق ایک بار دیکھنے کے بعد کتاب کھول کر پڑھنے پر مجبور کر دیتا ہے۔ کتاب کے عنوان میں ایک سسپنس چھپا ہے۔ "نیلا قالین" کتاب کا سن کر میں خود سوچ میں پڑ گئی کہ اس نیلے قالین کا راز کیا ہے۔ جب کتاب کو ہاتھوں میں لیا تو تمام راز عیاں ہوتے گئے۔ "نیلا قالین" بس قالین نہیں تھا بلکہ میری زندگی کی سیڑھی پر وہ قدم تھا جس نے مجھے بہت کچھ سکھایا۔ اس کی ہر کہانی مجھے ایک نیا سبق دے رہی تھی۔ "نیلا قالین" کتاب ۱۱۲ صفحات پر مشتمل ہے۔

***

کتاب ننھا بہادر از قانتہ رابعہ

انگبین عروج

قانتہ رابعہ پنجاب کے ایک علمی و ادبی گھرانے سے تعلق رکھتی ہیں۔ ان کی جڑوں میں کم عمری سے ہی ادب سے گہرا لگاؤ پیوستہ ہے۔ زمانہ طالب علمی سے ہی بچوں کی کہانیاں، مزاح، مختصر مضامین لکھنے کی ابتداء کی۔ محترمہ قانتہ رابعہ صاحبہ کی اب تک بچوں کی کہانیوں، افسانوی مجموعوں اور کالموپر درجنوں کتب اور کتابچے شائع ہو چکے ہیں۔ بیت اللہ کا سفرنامہ "ذہے مقدر" تحریر کرنے کا شرف بھی حاصل کیا۔ حصولِ علم و ادب کے لیے خود بھی کوشاں رہیں اور معاشرے کی فلاح و تربیت کے لیے بھی آپ کی جدوجہد جاری و ساری ہے۔ قانتہ رابعہ کی تازہ ترین تصنیف "ننھا بہادر" معتبر اشاعتی ادارے پریس فار پیس کے زیر اہتمام بیک وقت انڈیا اور پاکستان سے شائع ہوئی ہے۔

ابتداء میں اس کتاب کو میں نے بچوں کی عمومی دلچسپی کی کہانیوں پر مشتمل سمجھا تھا۔ جب کتاب کھولی، پہلی کہانی "باؤلی بھجیا" سے مطالعے کا آغاز کیا اور جوں جوں آگے بڑھتی گئی اس کتاب کی ہر اک کہانی میں مصنفہ کا دیا ایک خاص پیغام آشکار ہوتا گیا۔ میں قانتہ رابعہ صاحبہ کے افسانوی مجموعے "اِک سفر جو تمام ہوا" کا بھی مطالعہ کر چکی ہوں اور اس کتاب کا مطالعہ کر کے مصنفہ کے معاشرے کے ہر طبقے کو لے کر حسّاسیت کا اندازہ لگایا جا سکتا ہے۔ ان کے افسانے ہوں یا بچوں کے لیے کہانیاں, آپ انہیں محض قصہ گوئی

نہیں کہہ سکتے۔ مصنفہ کے تحریر کردہ ہر افسانے اور ہر کہانی کا خمیر جذبات و احساسات سے گندھا ملتا ہے۔ ننھا بہادر میں مصنفہ نے قبلہ اوّل، انبیاء کی میراث، شہداء کی سرزمین کے لیے اپنے جذبات و احساسات کو معاشرے کے ننھے ذہنوں اور ان کے والدین کے دِلوں میں جس طرح منتقل کرنے کا کارنامہ سرانجام دیا ہے دراصل یہی بات ایک مصنف کے لیے قابلِ فخر ہوتی ہے۔

کتاب " ننھا بہادر " نہ صرف کم عمر بچوں کی بہترین ذہن سازی، مثبت معاشرتی تربیت اور علم و آگہی سے بھرپور ہے بلکہ اس میں عصرِ حاضر میں والدین کے لیے بے حد خاص مقاصد پنہاں ہیں۔ دورِ حاضر میں جہاں ہم والدین موجودہ اور آنے والی نسلوں کے لیے سیکڑوں فتنوں اور معاشرتی مسائل سے نبرد آزما ہیں۔ جن میں بچوں اور بڑوں میں سوشل میڈیا کا بڑھتا ہوا رجحان، کتاب دوستی کا فقدان، مذہب سے دوری، صبر و تحمّل کا قلق، معاشرے میں بچوں سے شفقت اور بڑوں کی عزت کا عنصر کم ہونا، آپسی نفرت اور عدم برداشت، ایک دوسرے کے لیے شدتِ احساس کا کم ہونا اور اس جیسے کئ حل طلب مسائل ہیں جن سے نمٹنے کے لیے مصنفہ قانتہ رابعہ صاحبہ نے والدین کو بڑی عمدہ تجاویز پیش کی ہیں۔ سب سے اہم بات یہ ہے کہ دورِ حاضر میں بچوں کے لیے اصلاحی اور سبق آموز کہانیاں تحریر کرنا اور بچوں کو ان کہانیوں کے سیر حاصل مطالعے پر آمادہ کرنا دشوار ترین امر بنتا جارہا ہے چونکہ ان بچوں کی تفریح کے لیے سوشل میڈیا کے لامحدود ذرائع تک رسائی ممکن ہو چکی ہے۔ لیکن مصنفہ اس ضمن میں داد و تحسین کی مستحق ہیں کہ فِتنوں کے دور میں ان کی بامقصد اور اصلاحی کہانیوں کی طرف ہماری نسلِ نو راغب ہو رہی ہے اور بلاشبہ ان تحاریر کی بدولت فیض یاب ہو رہی ہے مصنفہ نے ان کہانیوں میں مثبت طرزِ فکر و طرزِ عمل کے مقاصد کو بے حد مہارت سے کہانی کے قالب میں اس طرح

ڈھالا ہے کہ پڑھنے والے ہر طبقہ فکر بالخصوص بچوں کی دلچسپی آغاز سے اختتام تک برقرار رہتی ہے۔

قبلہ اوّل سے ہمارے قلبی وابستگی کو بیشتر کہانیوں میں اجاگر کیا گیا ہے۔ فلسطینی بہن بھائیوں اور بچوں سے یکجہتی کے اظہار کے ساتھ ساتھ ان پر ٹوٹنے والے مصائب و آلام کا بیان کچھ اس انداز سے کیا گیا ہے کہ پڑھنے والوں کی آنکھیں نم ہو جاتی ہیں۔ خصوصاً ننھے بچوں میں ایک نیا ولولہ اور فکر انگیز سوچ پروان چڑھتی ہے۔ ہر بچہ سوشل میڈیا کے منفی استعمال اور موجودہ دور میں گیجٹس کے زیرِ اثر نظر آتا ہے، ایسے میں "پہلا قدم"، "ننھا بہادر" اور جوان دِلوں کی کہانی" کا مطالعہ کر کے فلسطینی بچوں کا جذبہ ایمانی اور لازوال جدوجہد ہماری نسلوں کے قلب و ذہن میں اترتا ہے۔

اس کے علاوہ بچوں کی روز مرّہ کی عادات و اطوار میں مثبت تبدیلیوں کے لیے سیرتِ محمدی ﷺ کے حوالہ جات سے والدین اور بچوں کی عمدہ انداز میں رہنمائی بھی کی گئی ہے۔ جیسے وقت کی پابندی کرنا، جھوٹ بولنے سے پرہیز کرنا، لوگوں کی دل آزاری کرنے کی عادت ترک کرنا، بدگمانی و غلط بیانی سے خود کو روکنا، حرص و ہوس سے اپنی ذات کو دور رکھنا۔ بلاشبہ یہ کتاب "ننھا بہادر" نسلِ نو کی تربیت اور عمدہ ذہن سازی میں معاون و مددگار ثابت ہو گی۔

***

تابندہ سلیم کی کتاب لفظ بولتے ہیں

پروفیسر محمد اکبر خان

لفظ بولتے ہیں محترمہ تابندہ سلیم کے کالموں کا مجموعہ ہے. وہ ایک مدت سے ملک کے مختلف اخبارات میں کالم نگاری کر رہی ہیں. تابندہ سلیم ایک تجربہ کار کالم نگار ہیں جنہوں نے مختلف النوع موضوعات پر دلچسپ اور معیاری کالم تحریر کر کے اپنا لوہا منوایا ہے. انہوں نے اپنی کتاب کا انتساب اپنی والدہ کے نام کیا ہے وہ لکھتی ہیں "اس ہستی کے نام جس کی گود میری پہلی درسگاہ تھی میری ماں کے نام کہ ان کا سکھایا ہوا آج صفحہ قرطاس پر منتقل ہوا" انہوں نے اپنی کتاب کے اغاز میں اظہار تشکر کے زیر عنوان تحریر فرمایا ہے کہ "میرے کالموں کا مجموعہ لفظ بولتے ہیں کو تحریر کرنے کے دوران بہت سے ایسے مواقع آئے کہ جب میری ہمت اور حوصلہ جواب دے گیا، دل اچاٹ ہوا تو میں نے اللہ تعالی سے کامیابی کی دعا کی اللہ تعالی جو اپنے بندوں کو کبھی ناکام نہیں دیکھ سکتا اس نے مجھے ایسی سرفرازی بخشی جو آج آپ کے سامنے ہے میرے والدین اور دوست احباب نے بھی میری ہمت کو بڑھایا میرے لیے اور میری کامیابی کی دعا کی اسی طرح میرے کولیگز نے بھی بہت حوصلہ افزائی کی جن کی تہہ دل سے شکر گزار ہوں اور سمجھتی ہوں کہ ان معاملات میں مخلص دوست احباب کی حوصلہ افزائی اور رہنمائی کی وجہ سے میرے کالموں کا مجموعہ لفظ بولتے ہیں آپ تک پہنچ سکا". کتاب کا بغور مطالعہ ہمیں یہ آگاہی

فراہم کرتا ہے کہ اس کتاب میں ۱۹۹۴ سے ۲۰۲۳ تک لکھے گئے کالموں کو شامل کیا گیا ہے اس اعتبار سے یہ ان کے کالموں کا ایک انتخاب محسوس ہوتا ہے. کتاب کے اخر میں انہوں نے تمام کالموں کی اشاراتی ترتیب اور ان اخبارات کے نام بھی تحریر کر دیے ہیں جہاں وہ کالم طبع ہوئے۔

"عابد محمود عزام کالم نگاری کے بارے میں لکھتے ہیں کہ "کالم نگاری کی سماجی و سیاسی، تہذیبی و تمدنی، اخلاقی اور ہمہ گیر وسعت و معنویت اور افادیت و اہمیت سے انکار ممکن نہیں۔ کئی کالم نگاروں کی تحریروں نے قارئین کی ذہنی سطح بلند کرنے میں اہم کردار ادا کیا ہے۔ کئی کالم نگار اپنے قارئین کو مختلف موضوعات پر نئے زاویے اور جدید خیالات سے روشناس کراتے ہیں، جس کی بدولت لوگوں میں کسی جماعت یا مکتبہ فکر کی اندھی تقلید کے بجائے حقائق پر مبنی رائے رکھنے کا رجحان پیدا ہوتا ہے۔ مخلص اور اچھا کالم نگار ہزاروں لوگوں کی کردار سازی کر سکتا ہے۔ اس کا قلم غلط کو غلط اور صحیح کو صحیح ثابت کرنے کی طاقت رکھتا ہے۔ اس کے الفاظ رائے عامہ بدلتے ہیں۔ اس کے نظریات وافکار قارئین کے ذہنوں میں جگہ بنا لیتے ہیں۔

سچا کالم نگار اپنے قارئین سے محبت کرتا ہے اور محبت میں جھوٹ، ریاکاری اور منافقت نہیں ہوتی، بلکہ حق اور سچ ہوتا ہے۔ وہ اخلاص، مثبت اور معتدل سوچ کے ساتھ لکھتا ہے اور اپنے مفادات کی خاطر کبھی ضمیر کا سودا نہیں کرتا۔ اس کے پیش نظر حقائق ہوتے ہیں۔ کالم نگار ایک مصلح کی طرح ہوتا ہے۔ معاشرے کے سامنے صحیح اور غلط راہ کی نشاندہی کرنا اس کی ذمے داری ہوتی ہے"۔

تابندہ سلیم کے کالمز میں آپ کو درج بالا خصوصیات اپنی پوری تابانی سے روشن دکھائی دیں گی۔

ان کے اس مجموعے میں ۴۳ مختلف موضوعات پر کالم موجود ہیں انہوں نے اسلامی موضوعات کے علاوہ قومی موضوعات پر بھی کافی کچھ لکھا ہے۔ وہ اتحاد اتفاق ترقی اور انسانی خوشحالی کی قائل ہیں۔ انہوں نے کتب بینی ،سوشل میڈیا کا مثبت استعمال، معاشرے میں میڈیا کے کردار، حکومتوں کی ثقافتی پالیسی سے لے کر یوم آزادی، زرعی ادویات کے احتیاطی استعمال، لائیو سٹاک اور دیگر قومی اور ملی موضوعات کے بارے میں بہترین کالم تحریر فرمائے ہیں. ان کی تحریر میں رعنائی حسن اور تابندگی بدرجہ اتم پائی جاتی ہے۔ وہ نہایت سادہ رواں اور سلیس انداز میں اپنا نکتہ نظر بیان کرتی ہیں۔ ان کے ہاں بوجھل اعداد و شمار کی بھرمار نہیں ہوتی البتہ وہ ہر موضوع پر اتنی جامعیت سے قلم اٹھاتی ہے کہ تحریر کا حق ادا ہو جاتا ہے۔ ان کی یہ کتاب پریس فار پیس پبلیکیشنز کے زیر اہتمام شائع کی گئی ہے۔

***

رباب عائشہ کی سدا بہار چہرے اردو ادب میں نادر اضافہ

قانتہ رابعہ

افسانہ اور کہانی سے کہیں زیادہ چہروں کا مطالعہ دلچسپ ہے، خواہ دنیا کی بھیڑ میں ملیں یا کتابوں کے صفحات پر!

ہر چہرہ ایک کہانی تو اب پرانی کہاوت ہوگئی اب یوں کہنا چاہئے ہر چہرہ، کہانی در کہانی۔

پہلے کہتے تھے اک چہرے پر کئی چہرے سجالیتے ہیں لوگ! اب کہنا چاہیئے ہر چہرے پر ہے دکھ اور سکھ کا سنجوگ!

لوگ اچھے بھی ہوتے ہیں اور برے بھی، جن سے معاملہ اچھائی کا ہوا نہیں اچھائی کی سند دے دی جاتی ہے اور وہی لوگ جن کے ساتھ برائی سے پیش آتے ہیں تو انہی لوگوں کو برا کہہ دیا جاتا ہے لیکن اللہ نے کچھ لوگوں کے اندر خیر اور بھلائی کا مادہ اتنا زیادہ رکھا ہوتا ہے کہ وہ خلق خدا سے صرف بھلائی کا ہی تعلق رکھتے ہیں، ان کے اندر موجود بھلائیوں کا پلڑا اتنا غیر معمولی ہوتا ہے کہ وہ اپنے جانی دشمن سے بھی برا کر ہی نہیں سکتے۔ ان کی بھلائیاں ان کے دنیا سے رخصت ہونے کے بعد بھی جاری و ساری رہتی ہے اور ان کی انہی اچھائیوں کی خوشبو اپنے پرائے سب ان کی زندگی میں تو دیتے ہی ہیں، ان کی وفات کے بعد اسے کاغذ کے صفحات پر گواہ بنا کر رہتی دنیا تک صدقہ جاریہ بناتے ہیں۔

ایسے ہی پیارے لوگوں کی یاد میں لفظوں کا خزانہ سموئے محترمہ رباب عائشہ کی کتاب ،"سدا بہار چہرے "، ہے جس کے مطالعہ سے ایک نئی تازگی اور فرحت محسوس ہوتی ہے۔ صحافت کی دنیا میں رباب عائشہ کا نام بہت پرانا اور تجربہ کار کے نام سے مشہور ہے۔ موصوفہ جنگ اور نوائے وقت سے وابستہ رہی ہیں اور ان کے قلم میں واضح رکھ رکھاو اور نفاست ہے۔ کتاب سدا بہار چہرے میں محترمہ رباب عائشہ نے اپنے گھریلو، صحافتی اور ادبی میدان میں ان متعلقین پر خاکے لکھے ہیں جن کے اندر خیر ہی خیر تھی اور انسانوں کے لئے وہ مشعل راہ رہے۔ ان میں سے کچھ نام کسی نہ کسی حوالے سے معروف ہیں اور کچھ کا تعلق صرف ان کی ذات سے رہا۔ کتاب کا پیش لفظ وفاقی اردو یونیورسٹی اسلام آباد کی صدر شعبہ اردو محترمہ ڈاکٹر فہمیدہ تبسم اور بین الاقوامی اسلامک یونیورسٹی اسلام آباد کے صدر شعبہ اردو محترم ڈاکٹر مظہر علی طلعت نے لکھا ہے۔

رباب عائشہ کا تعلق بچپن سے ہی قلم اور کتاب سے جڑ چکا تھا- مطالعہ کی چاٹ نے نامی گرامی ادیبوں کی کتابیں اوائل عمری سے ہی پڑھوانے کا بندوبست کیا۔ صحافت سے وابستہ ہو کر سونے پر سہاگا ثابت ہوا اور کتھارسس کے لیے خوب سلسلہ بنا۔

سارے خاکے اور کالم کمال کے تحریر کردہ ہیں اور کتاب کا پہلا خاکہ بھی مشہور مصور منصور راہی صاحب اور ان کی اہلیہ ہاجرہ منصور کا ہے۔۔ ۳۶ سالہ دوستی اگر شروع سے تادم تحریر پہلے والی شان آن بان سے قائم رہتی ہے تو لازمی طور پر دونوں جانب غیر معمولی محبت ہو گی لیکن رباب عائشہ اس کا سہرا ہاجرہ منصور کے سر باندھتی ہیں۔ ہاجرہ اور منصور دونوں مصوری کے مختلف شعبوں سے تعلق رکھتے ہیں لیکن دونوں بہترین انسان ہیں۔ ذرا یہ دیکھئیے :

"منصور راہی اپنے بعض اصولوں کے بہت پکے ہیں وہ اس وقت تک کھانا نہیں

کھاتے جب تک گھر کے ملازمین اور ڈرائیور تک کھانانہ کھالے"۔

ڈاکٹر سلمی، بصارت سے محروم لیکن بصیرت سے مالا مال ڈاکٹر تھیں۔ انہوں نے اپنی بینائی کھو جانے کو معزوری نہیں سمجھا اور دوسروں کا محتاج ہونے کی بجائے اپنی تعلیم اور ہنر کو سہارا بنانے کا فیصلہ کیا انٹر نیشنل فیڈریشن فار بلائنڈز میگزین کے ویمن سیکشن کی ایڈیٹر ڈاکٹر سلمی کے خاکے کو پڑھنے کے بعد یہ سوال ذہن میں ابھرتا ہے کہ آنکھوں جیسی نعمت رکھنے والے افراد بیکار اور نکمے کیسے ہوسکتے ہیں۔ الغرض رباب عائشہ کے تحریر کردہ تمام خاکوں اور کالموں میں ایسے ہیروں کا تزکرہ ہے جن کی چمک انسانیت کے لیے تھی۔ مثال کے طور پر انہوں نے اپنے ذاتی معالج ڈاکٹر وسیم کا ذکر کرتے ہوئے وہ خوبیاں بیان کی ہیں کہ انہیں وقت کا ولی کہا جاسکتا ہے۔

کتاب کی خوبی یہ ہے کہ اس میں اگر مشہور ترین شخصیات پر کالم اور خاکے لکھے گئے ہیں تو اسی معاشرے میں وہ لوگ جنہیں نچلا طبقہ کہا جاتا ہے ان کی خوبیوں کی بناء پر انہیں بھی بہت تکریم دی گئی ہے بالخصوص اپنی ملازمہ فیروزاں پر لکھا خاکہ اس کی حد درجہ ایمانداری اور ناقابل یقین ایثار، محبت اور قربانی کی صفات جو کہ اب ہمارے معاشرے میں عنقا ہیں، کو اجاگر کرتا ہے۔

ویسے تو سبھی خاکے بہت تحریک دینے والے ہیں لیکن اپنے والدین پر لکھے خاکے بہت منفرد ہیں-ماں باپ سب کے ہی اچھے ہوتے ہیں لیکن وہ والدین جو شعور کی دولت سے مالامال ہوں اصول پرست بھی ہوں اپنی شفقت اور محبت دوسروں کی اولاد پر بھی ایسے ہی نچھاور کریں جیسے اپنی سگی اولاد پر، تو وہ جگ کے لیے مثال بن جاتے ہیں۔ رباب عائشہ کی خوش قسمتی ہے کہ انہیں علم وادب سے محبت رکھنے والے اور باعمل والدین ملے جن کی شخصیت کا اثر رباب کی تحریر میں تو نظر آتا ہی ہے یقیناً ان کی شخصیت پر بھی گہری

چھاپ ہو گی۔

رباب عائشہ نے اپنے مرحوم شوہر ان کے بہترین فوٹو گرافر ہونے اس کے لیے زندگی وقف کرنے اور ایک حادثہ میں ٹانگ سے معزوری، دنیا والوں کی بے رخی پر بھی خاکہ لکھا۔ مرحوم شوہر کی گو بہت سی خوبیاں بیان کی گئی ہیں تاہم خاکہ میں حد درجہ اختصار ہے اور قاری کو تشنگی محسوس ہوتی ہے۔ رشتہ آنے، طے ہونے شادی کے کچھ واقعات یا ان کی جھلکیاں خاکے کو مزید جاندار بنا سکتی تھیں۔

مصنفہ کا وسیع مطالعہ اور وسیع حلقہ احباب ان کی تحریر میں کمال کی تاثیر پیدا کرتا ہے، انداز تحریر ہلکا پھلکا لیکن زبان بہت شستہ ہے۔ اپنے عزیز و اقارب کے خاکوں کے ساتھ انہوں نے اپنے دفتری ساتھیوں اور ملازمین پر بھی مضمون تحریر کئے ہیں۔ ہر فرد ایک الگ طرز زندگی رکھتا ہے اور ہر ایک کی بابت رباب عائشہ نے منفرد لکھا۔ ان کی تحریر مختصر مگر موثر ہے۔ وہ لفظوں کو بہترین پیرائے میں پیش کرنے کا ہنر جانتی ہیں۔ ان سب لوگوں میں جن کے خاکے موجود ہیں الطاف فاطمہ، خدیجہ مستور، ادا جعفری، زہراء نگاہ، پروین فنا سید، نثار عزیز بٹ جیسی معروف مصنفات اور شاعرات ہیں تو گل جی، اور غلام رسول جیسے بین الاقوامی شہرت یافتہ مصور بھی شامل ہیں- ہر ایک کی زندگی میں سیکھنے والوں کے لیے سبق ہے یہ پیدائشی ادیب یا نامور نہیں تھے۔ مشقت کی کتنی ہی گھاٹیوں میں سے گزر کر منزل تک پہنچے لیکن سبھی عاجزی اور شرافت و نجابت کے پیکر تھے۔ سبھی کے خاکے پڑھ کر اپنی کمیوں کوتاہیوں پر نظر پڑتی ہے۔ سبھی کے نیک دل ہونے پر ان کے لیے دل سے دعا نکلتی ہے۔

بے شک نیک اولاد بہترین صدقہ جاریہ ہوتی ہے۔ اپنے پسندیدہ ادیبوں کے بارے میں پڑھنا بہت دلچسپ کام ہے۔ کتاب کا سرورق بہت عمدہ اور طباعت شاندار ہے۔

کتاب کا انتساب موصوفہ نے اپنے تینوں بھائیوں کے نام کیا ہے۔ اللہ انہیں سلامت رکھے بے شک بھائی، بہنوں کا مان ہوتے ہیں۔

***

ارشد ابرار ارش کا افسانوی مجموعہ ریز گاری

قانتہ رابعہ

کچھ عرصہ قبل واٹس ایپ کے ایک گروپ میں افسانوی مجموعے "ریز گاری"، کے سرورق کے انتخاب پر رائے مانگی گئی تھی مجھے یاد پڑتا ہے میں نے بھی اپنی رائے دی تھی لیکن مصنف کا نام مجھے معلوم نہ ہو سکا۔

"ریز گاری" شائع ہوئی اور میرے ہاتھوں میں بھی پہنچ گئی۔ سرورق تو موبائل سکرین پر دیکھنے کا اتفاق ہو چکا تھا لیکن مصنف کا نام پہلی مرتبہ پڑھا۔ ارشد ابرار ارش ،میرے لیے یہ بالکل اجنبی اور کسی حد تک غیر افسانوی نام تھا۔ ڈرتے جھجھکتے کتاب کھولی افسانے پڑھنا شروع کئے تو جلد ہی انکشاف ہوا کہ یہ نام غیر معروف سہی لیکن غیر مقبول ہر گز نہیں کسی بھی اعلی پائے کے افسانوی مجموعے میں جو خوبیاں ہونی چاہئیں وہ سب اس میں موجود ہیں۔ ان کے افسانوں میں دلچسپی کے سارے ہی لوازمات موجود ہیں۔ موضوعات گو سارے ہمارے ہی معاشرے میں ارد گرد بکھرے ہوئے ہیں لیکن ہر کہانی کار ان پر اس کمال درجے کی گرفت نہیں پا سکتا جتنی "ریز گاری" میں مجھے نظر آئی۔ بہت سے افسانوں کو پڑھنے کے بعد ملتے جلتے واقعات بھی بے اختیار ذہن میں آئے لیکن ارشد ابرار نے جیسا کہ پیش لفظ میں خود اعتراف کیا ہے یہ سب افسانے ان کے وجود کا حصہ ہیں۔

ارشد ابرار کے افسانوں میں دوسری بڑی خوبی وسیع ذخیرہ الفاظ ہے۔ ان کی کہانیوں میں علاقائی زبان وادب سے بین الاقوامی ادب کا رنگ جھلکتا ہے۔ ان کے افسانے "آخری پتھر" میں عربی ادب اور وہاں کے لوگوں کا رنگ ہے تو "گندی مکھی" جو ہمارے ہی ملک کے سب سے بڑے شہر کراچی کے بدترین سانحہ کے پس منظر میں لکھا گیا ہے تونسوی لہجہ کی جھلک ہے۔

ان کے افسانوں میں ایک بڑی خوبی دلچسپ انداز بیان ہے۔ انہوں نے جس موضوع پر بھی لکھا پوری تیاری کے ساتھ۔ اتنی مہارت سے کہانی کی بنت تیار کی کہ قاری سانس روکے اپنے آپ کو ساتھ محسوس کرتا ہے۔ بہت سے عوامل اس میں شامل کئے جا سکتے ہیں لیکن میرے حساب سے ان کے فقرے بہت جاندار ہیں۔ کہانی کا پلاٹ بہت مضبوط اور انداز تحریر کمال مہارت رکھتا ہے۔ ایک خوبی جس کی وجہ سے میں ان کے افسانوں کو سب سے منفرد سمجھتی ہوں وہ ان کا تجسس یعنی سسپنس ڈالنے والا اسلوب ہے۔ ممکن ہے وہ کسی جاسوسی ڈائجسٹ میں باقاعدہ لکھتے ہوں، میرے علم میں نہیں یا یہ بھی ممکن ہے کہ انہوں نے بہت سا جاسوسی لٹریچر پڑھا ہوا ہو اور ان کے افسانوں میں جا بجا یہ اسلوب موجود ہے۔

قاری ہر چار چھ سطور کے بعد "اب کیا ہو گا"، کا سوال اپنے اندر متحرک پاتا ہے لیکن اس کا مطلب یہ نہیں کہ وہ جاسوسی افسانے ہیں ادبی ذوق رکھنے والوں کے لیے بھی ان کے سارے افسانوں میں وہ صفات موجود ہیں۔ انہیں فطرت سے بہت پیار ہے جس کا ثبوت ہر افسانے میں ان کی ماحول دوستی، پھولوں درختوں کے تذکرے، موسم کی منظر کشی کی صورت میں موجود ہے۔

قاری کی اطلاع کے لیے عرض ہے کہ یہ افسانے روائتی رومانوی افسانے نہیں بلکہ

معاشرے کے ہر اس ناسور پر سفاک زبان میں لکھے گئے ہیں جن پر لکھنا بہت آسان کام نہیں۔

"اداکار "افسانہ ، پڑھیئے ،شاید ہی مرد عورت کے مکروہ کرداروں کی ایسی شاندار تصویر کسی نے کھینچی ہو۔

بد عملی ، دین کو موم کی ناک بنالینا ، بد کرداری جیسے موضوعات پر لکھتے لکھتے ان کے قلم نے "بڈھاسالا" جیسے شاہکار افسانے لکھے ہیں جسے پڑھ کر محبت جیسے روگ پر آنکھیں اشکبار ہوتی ہیں "بڈھاسالا"، دل میں پنپنے والی بڑھاپے کی محبت کے جذبات اور احساسات کی کمال کہانی ہے جس کا انجام بہت حد تک غیر متوقع ہے۔

افسانہ "چراغ"، ایک ادیب کی کہانی ہے جو تلخ ہے۔ حساس قلمکار کے دل کی بہترین ترجمانی ہمت استقامت کا پیغام لئے ہوئے

لیکن ان کے زیادہ تر افسانوں میں دین کو اپنے مفاد کے لیے استعمال کرنے والوں پر چار چوٹ کی مار ماری گئی ہے جیسے "گستاخ "افسانہ ، دین کے نام نہاد ٹھیکیداروں کے بے حسی ہونے کی کہانی ہے۔ مجھے ذاتی طور پر ایسی کہانیوں سے بڑی تکلیف ہوتی ہے کہ کسی نہ کسی طور میں بھی اسی دین کی پیروکار ہوں۔ مجھے دین کو یوں بدنام کرنے والوں کے یہ افسانے پڑھ کر بہت دکھ ہوتا ہے اور بے اختیار سوال پیدا ہوتا ہے کہ کیا روئے زمین پر کوئی ایک بھی درست عمل کرنے والا باقی نہیں رہا؟

اگر جواب ہاں میں ہے تو ہمیں اس کے ساتھ ساتھ ان کو بھی تحریر کا موضوع بنانا چاہئیے کہ لوگ دین سے قریب ہوں نہ کہ متنفر،

ارشد ابرار کے افسانوں میں جا بجا ایسے خوبصورت فقرے ملتے ہیں جن کو "کوٹ "کیا جاسکتا ہے "پچکی ہوئی کہانی"، میں بہت سے فقرے بکھرے ہوئے ہیں جنہیں بار بار

پڑھنے کو دل چاہتا ہے

"کہانی تو خود رو جنگلی جڑی بوٹی کی طرح کہیں سے بھی پھوٹ سکتی ہے،"

بانجھ میں لکھتے ہیں:

"کیا انسان بھی بانجھ ہوتے ہیں؟

ہاں جب قلوب نیکی سے زیادہ بدی سے بھر جائیں"

ارشد کی کہانی محض زبان و بیان کا چسکہ نہیں بلکہ ہر کہانی سبق لئے ہوئے ہے جیسے "گستاخ" افسانہ اصل میں مظلوم اور ظالم (دین کے نام نہاد علمبردار) کے لیے آئینہ ہے۔

ان کے افسانوں میں راہنمائی کے بہت سے نکات ملتے ہیں۔

"خطوں میں مخفی محبت" جاندار افسانہ ہے جس کا اختتام قاری کی سوچ کے برعکس لیکن انسان اس سے بہت سے سبق سیکھتا ہے اس میں لکھتے ہیں

"وقت تمہیں بہت سے اسباق پڑھائے گا وقت کو دنیا کا سب سے بڑا معلم مان لینا یہ معلم سخت مزاج ضرور ہے مگر تمہاری فلاح اور بہتری اسی میں ہے کہ تم کس قدر جلدی اپنے استاد کے دیے اسباق ذہن نشین کرتے ہو چونکہ یہ معلم بے زبان ہے اس لیے تمہیں تجربات اشاروں اور رویوں کی زبان پر دسترس حاصل کرنا ہو گی ورنہ دوسری صورت میں ٹھوکریں تمہارا مقدر بن سکتی ہیں،،

گو کتاب پھولوں کی زبان میں تحریر نہیں لیکن فطری مناظر قاری کو متوجہ کرنے میں کامیاب ہو جاتے ہیں۔

افسانہ "قتل آب" میں لکھتے ہیں:

"فٹ پاتھ کے کناروں پر جہاں سبز گھاس کا مخملیں قالین بچھا ہوتا تھا اب وہاں زرد پڑتی گھاس کے چند ایک سوکھے سڑے تیلے رہ گئے تھے پارکوں میں ہریالی عنقا تھی اور ٹنڈ

منڈ درختوں کی برہنہ ٹہنیوں کو دیکھ کر میرا دل اس طرح پھڑ پھڑا کر بجھ گیا جیسے برکھا رت میں باہر رکھے دیے کی لو۔ کچنار کے درختوں نے زرد آتشی لباس اوڑھ لئے تھے املتاس کے پیڑوں نے اپنے پہلے پھول گرادئے تھے صنوبر کے قد آور درختوں نے اپنے سبز پتوں کی پوشاک اتار پھینکی تھی۔"

آپ نے دیکھا ماحول کو کس خوبصورتی سے بیان کیا گیا ہے

"ریزگاری"، "گندی مکھی" جیسے افسانوں کو پڑھنے کے بعد مصنف کا اضطراب قاری میں سوالیہ نشان بن کر داخل ہو جاتا ہے

کتاب کا سرورق بہت خوب صورت اور علامتی ہے۔ ایک چھوٹے شہر تونسہ شریف کے مصنف کی بہت بڑی کاوش ہے۔ مجھے امید نہیں یقین ہے یہ مجموعہ افسانوی ادب میں بہترین اضافہ ثابت ہو گا۔

***

لفظے چند برائے حاشیہ خیال از نصرت نسیم

قانتہ رابعہ

آج کا بہت بڑا اہم اور المیہ یہ ہے کہ کتاب لکھنے والے تو لکھ رہے ہیں کہ ایک قلمکار کے لیے لکھنا ایسا ہی ہے جیسے طعام و کلام اور سانس لینا۔ قلم کی حرمت کا خیال رکھنے والوں کا قلم رکنے کے لیے نہیں ہوتا مگر صد افسوس کہ ڈھیروں سرمایہ لگا کر جب اپنے قیمتی وقت کا کچھ حصہ کتاب لکھنے کے بعد کتاب شائع ہو جاتی ہے تو کتاب کو ہاتھوں میں لینے والے نہیں ملتے۔ مل بھی جائیں تو باذوق قاری خال خال ہی نظر آتے ہیں۔ وہ دور گزر گئے جب کتاب کی اشاعت مشکل کام تھا اور اس کی تشہیر کے ذرائع نہ ہونے کے برابر تھے پھر بھی کتاب سے عشق رکھنے والے قاری کو کتاب کی اشاعت کے بارے میں پل پل کی خبر ہوتی تھی اور جب تک کتاب ہاتھوں میں آکر نظروں سے گزر نہ جائے اس کے سیاق و سباق اور چنیدہ حصے اہل ذوق کو نہ سنا دیئے جائیں، کتاب پر دو چار لوگوں سے تبصرہ نہ کر لیا جائے، روح کو تسکین نہیں ملتی تھی۔ آج کے سوشل میڈیا کے پر فتن دور میں اس کے ہزار فائدے اپنی جگہ لیکن کتاب بینی پر بہر حال اثر پڑا ہے۔ اگر معدودے چند ایک اس سے بچے ہوئے ہیں کتاب کا شوق بھی رکھتے ہیں۔ اسے دل کی آنکھوں سے پڑھنے کے ساتھ ساتھ اس کے بارے میں زیر حاصل گفتگو بھی کرتے ہیں تو ان میں سے ایک نمایاں نام محترمہ نصرت نسیم صاحبہ کا ہے۔ ان کے باذوق قاری ہونے پر تو سب ہی متفق ہیں

لیکن مطالعہ کی گئی کتب پر ان کے معلومات سے بھرپور خوبصورت زبان میں کئے عمدہ تبصرے اور تجزیئے بھی ادب میں شاہکار ہیں۔ اس کا پتہ ان کی کتاب حاشیہ خیال سے چلتا ہے۔

کہنے کو یہ ایک کتاب ہے جس میں انہوں نے جن اکیس کتب پر عمدگی سے تبصرے کئے تھے وہ جمع کر دیے ہیں لیکن سچ بات ہے کہ عطار اور لوہار والی مثال اس پر منطبق آتی ہے کچھ نہ بھی خریدو گے تو خوشبو تو لے کر ہی آؤ گے۔

کتاب میں ادب کی ہر صنف سخن سے متعلق کسی نہ کسی کتاب پر تبصرہ شامل ہے۔ ان تبصروں کو تجزیہ، بھی کہا جاسکتا ہے اور اس کی خوبصورت انداز کی وجہ سے انشائیہ نما بھی، جس میں شاعری کے ساتھ ساتھ سفر نامے، سیرت پر ولی رازی کی غیر منقوط کتاب ہادی عالم ،ضیاء یوسف زئی کی آپ بیتی کا ترجمہ ،سلمان باسط کی خود نوشت ،ناسٹلجیا، افسانوی مجموعے کے علاوہ بہت سی کتب شامل ہیں۔ ہر مضمون ایک پھول ہے جو کتاب میں جمع ہو کر اکیس پھولوں کا گلدستہ بن جاتا ہے جس پر بے اختیار اکیس توپوں کی سلامی دینے کا دل چاہتا ہے۔

ان اکیس مضامین میں بہت سے نادر خزانے جمع ہیں آپ جانئیے کہ اکیس بیش بہا قیمتی کتب کا نچوڑ کتنا اہم ہوتا ہے۔ یہ وہی جانتا ہے جو ایک کتاب نہیں ایک لفظ کی قیمت جانتا ہو ایسے ہی تو حضرت علی کرم اللہ وجہہ نے نہیں فرمایا تھا کہ جو مجھے ایک لفظ بھی سکھا دے وہ میرا استاد ہے۔

نجمہ عثمان کا سفر نامہ حج ہو یا سعود عثمانی کے اسفار، باونی کے افسانے ہوں یا شجاعت علی راہی کا بچوں کے لئے ناولٹ سب پر محترمہ نصرت نسیم نے لکھنے کا حق ادا کیا اور قارئین کے لیے اس طرز پر لکھا کہ متعلقہ کتاب کے بارے میں قاری کی اشتہاء بڑھے۔ ان کے

طرز تحریر میں کوئی ثقالت نہیں ہے سادہ ہے اور زندگی سے بھرپور، کچھ فقروں پر بے اختیار رک کر داد دینا پڑتی ہے۔ جیسے دو ہنسوں کا جوڑا (جو محترم جبار مرزا صاحب نے اپنی نصف بہتر کی جدائی پر لکھی ہے) میں لکھتی ہیں:

،،اکل۔ حلال اور صدق مقال لازم وملزوم ہیں،،

اس چھوٹے سے فقرے میں جہاں معنی آباد ہے مزید لکھتی ہیں:

"جبار مرزا صاحب اپنے جد کی طرز پر تاج محل بنانے پر تو قادر نہیں مگر پیار کی روشنائی سے جزبہ دل اور محبت سے ایک ایک لفظ صفحہ قرطاس پر بکھیر کر تاج محل تعمیر کرڈالا۔"

کتاب سنہرے ہاتھ جو کوہاٹ کی نابغہ روزگار شخصیت نامور مصور لیاقت علی خان کی داستان حیات ہے جو کوہاٹ ہی کی ہر دلعزیز ہستی محترم شجاعت علی راہی صاحب نے تصنیف کی ہے۔

تیس برس بلدیہ ابوظہبی کے ساتھ وابستہ رہنے والی شخصیت لیاقت علی خان کی داستان اتنی دلچسپ اور محنت و مشقت سے بھرپور زندگی کی ہے کہ بے اختیار ان کے بارے میں مزید جاننے کو جی چاہتا ہے۔

انیس سو ننانوے میں انہیں دنیا کی سب سے بڑی پورٹریٹ بنانے کا اعزاز حاصل کرنے والے کی اپنے ملک میں قدردانی کا یہ عالم تھا کہ قائداعظم سے محبت و عقیدت کی بناء پر فور بائے فور کے دو سو ٹکڑوں پر انھوں نے پورٹریٹ بنانے کا کام شروع کیا جو سات ماہ کی ان تھک محنت سے تیار ہوا۔ بے نظیر سے نواز شریف تک سب کی خواہش تھی کہ یہ دنیا کا سب سے بڑا پورٹریٹ اپنے ہاتھوں سے نصب کریں م۔ شرف نے اپنے دور میں تئیس مارچ ۲۰۰۱ء کو مینار پاکستان پر اس کی تنصیب کا حکم دیا اس کو بعد ازاں مستقل طور

پر کنونیشن سینٹر کے باہر لگانے کا فیصلہ کیا جو تب سے سرد خانے میں پڑی ہے،،

ایک جگہ محترم راہی صاحب رقمطراز ہیں لیاقت علی خان کی تصویر دیکھنا گویا اپنے ذوق نظر کی تربیت کرنا ہے،،،

کتاب میں ایک کالم محترمہ شازیہ ستار نایاب کی مزاحیہ کتاب "توبہ ہے بھئی"، بھی رونق بڑھانے کا باعث ہے۔

محترمہ نصرت نسیم کی خوبی یہ ہے وہ کتاب کا پیش لفظ پڑھ کر کالم لکھنے کی بجائے مکمل۔کتاب سے خوبصورت فقرے کشید کرتی ہیں۔ ایک تتلی کی مانند جو پورے گلستان کی سیر کرتی ہے لیکن منتخب پھول سے ہی رس کشید کرتی ہے کرونا کے متعلق لکھتی ہیں۔

"یوں کھایا چین نے اور ہاتھ ساری دنیا دھونے لگی"۔

اویس قرنی کے افسانوی مجموعے ،اگلی بار، پر تبصرے کو شاہکار قرار دیا جا سکتا ہے لکھتی ہیں:

افسانہ لفظ کا جادو اور درد کا دارو ہے۔

افسانہ قرینے کی روایت قلم کی تلاوت اور قلمکار کی عبادت ہے۔

افسانہ جگنوؤں کی بارات ہے۔

افسانہ جذبات کی سہیلی اور مناظر کی نیرنگی ہے۔

افسانہ کسی کی آنکھوں میں ساحل کی تلاش ہے۔

کتاب اگلی بار کے بارے میں پڑھئیے:

"ایک افسانے میں کئی افسانے ہیں کہانی در کہانی بلکہ ایک سطری لائن اپنی جگہ مکمل داستان سموئے ہوئے

کارگل لکھا اور کچھاروں میں ہلچل مچ گئی

نائین الیون لکھا اور ٹریڈ سینٹر کا ملبہ پہاڑوں پر گرادیا
کشمیر لکھا اور برف زاروں میں قبرستان آباد ہو گئے
غدر لکھا اور رنگین قلعہ رنگون ہو گیا"۔

بہت عمدہ تبصرے پر میں محترمہ نصرت نسیم کو مبارکباد پیش کرتی ہوں۔ میرے لیے مشک بات یہ کہ ہر کالم میں سے اقتباس نقل کئے جانے کے قابل ہیں اور ڈر یہ ہے کہ یہ کالم ہی کہیں کتابی شکل اختیار نہ کر جائے۔ محسن مگھیانہ صاحب کا سفر نامہ حج ہو یا ولی رازی کی ہادی عالم، سب معلومات میں اضافے کا سبب ہیں مثلاً مجھے تو کم علم کو یہ بھی معلوم نہیں تھا کہ غیر منقوط سیرت کی اس کتاب سے پہلے کتنی کتنی غیر منقوط کتب ادب کی دنیا میں پہلے سے موجود ہیں۔

لکھتی ہیں:

"جس وقت سے سیرت کی یہ کتاب میرے زیر مطالعہ ہے میں حیرت و استعجاب کی کیفیت میں ہوں کہ اکبر کے نورتنوں میں سے فیضی کے بارے میں پڑھا تھا کہ اس نے غیر منقوط الفاظ میں قرآن مجید کی تفسیر لکھی تھی لیکن یہ تفسیر چیدہ چیدہ واقعات پر مشتمل تھی جبکہ رازی کی یہ کتاب سیرت کے نہ صرف سارے پہلوؤں کا احاطہ کرتی ہے بلکہ پیدائش سے لے کر وصال تک کے تمام واقعات کو ترتیب کے ساتھ بیان کیا گیا ہے"۔

کالم میں اپنی نوعیت کی اس واحد کتاب کی تیاری کے مراحل کے علاوہ ایک دو بہت خوبصورت اقتباسات بھی دیئے گئے ہیں۔

کتاب ہاتھ سے رکھنے سے پہلے سلمان باسط کی ناسٹلجیا کے بارے میں بھی ایک دو سطور پڑھیئے:

"کسی کتاب کی سب سے بڑی خوبی یہ ہے کہ وہ خود کو پڑھوائے اور قاری پڑھتے ہوئے اس میں گم ہو جائے"۔ بلاشبہ یہی الفاظ حاشیہ خیال کے لیے بھی کہے جاسکتے ہیں در حقیقت یہ کتاب ان کے لیے بہت مفید ثابت ہو گی۔ جو اچھی کتب خریدنے اور پڑھنے سے اس لیے کتراتے ہیں کہ انہیں معلوم نہیں ہوتا کون سی کتب پڑھے جانے کے قابل۔ ہیں کہاں سے کتنے میں اور کیسے مل سکتی ہیں۔

یہ کتاب جسے فخریہ طور پر 'حاصل مطالعہ' بھی نام دیا جا سکتا ہے یقیناً اس قابل ہے کہ خرید کر پڑھی جائے اور کتب کا ذوق رکھنے والوں کو اس سے ضرور فائدہ اٹھانا چاہئیے۔

***

تماشائے اہل کرم و قلم

قانتہ رابعہ

ہر بندہ جدی پشتی مسافر ہی ہے۔ دنیا ہے ہی مسافرت کا گھر لیکن اس عارضی سفر کو دائمی وسیلہ ظفر بنانا ہر بندہ بشر کا کام نہیں ہوتا کچھ لوگ ہمیشہ پابہ رکاب رہتے ہیں اور کچھ کے لیے سفر انگریزی زبان کا سفر بن جاتا ہے۔ میرے ہاتھ میں اس وقت جو کتاب ہے اس کا نام، تماشائے اہل کرم، ہے اور اس کے مصنف محمد ایاز کیانی ہیں۔

جس طرح کسی کے چہرے مہرے کو دیکھ کر بندے کے باطن کے بارے میں بتانا مشکل ہے یہی معاملہ کسی بھی کتاب کے لیے بھی ہو سکتا ہے بالکل اسی طرح جیسے ہر مسافر کے سفر کا کوئی نہ کوئی مقصد ہوتا ہے محض،، سیر و تفریح، کے لیے کوئی کوچہ بہ کوچہ کو بکو نہیں پھرتا خوش قسمتی سے فاضل مصنف ابن بطوطہ کے قبیلے سے ہی ہیں کہ جن کے دربدر جانے کا مقصد صرف اور صرف مختلف دوست احباب کے ساتھ میل ملاقات اور ان کے علاقے میں سیاحت تھی۔

اس حساب سے آج کے افراتفری اور پرفتن دور میں محض ملاقات اور سیاحت کے لیے دوسرے شہروں میں ہی نہیں دوسرے صوبوں میں جانا بہت حیرت انگیز بات ہے پاکستان سے محبت کے دعوے دار تو بہت ہوں گے لیکن اس کے ہر کونے میں سیاحت کی غرض سے جانا بہت اہم ہے۔

لکھنے والوں نے جناب کیانی صاحب کو مارکو پولو، ابن بطوطہ اور پتہ نہیں کیا کیا قرار دیا لیکن حقیقت یہی ہے کہ وہ۔ اس دور جدید میں نوجوانوں کے لیے ہی نہیں عمر رسیدہ افراد کے لیے بھی قابل رشک ہیں جن کے پاس بیکار مباش کچھ کیا کر کے مصداق کرنے کو کچھ نہیں ہوتا۔

جناب ایاز کیانی صاحب خود سفر نامہ کے آغاز میں لکھتے ہیں:

"سردیوں کی تعطیلات ہوئیں تو سوچا کچھ ایسا کیا جائے کہ سردیوں سے بھی چھٹکارا م جائے اور اللہ کی زمین میں چل پھر کر اس کی نشانیاں دیکھنے کی سبیل بھی بن جائے، اسی ذوق سفر کو لے کر جنوری فروری ۲۰۲۲ء کو میں اس سفر پر نکل پڑا جس کی روداد آپ کے ہاتھوں میں ہے"۔

قارئین، سفر سے پہلے اس کی نیت بنالینا اور قرآن کے فرمان کے مطابق 'سیر و فی الارض' زمین میں گھومو پھرو اور اس کی نشانیاں دیکھو، سفر سے پہلے اس کی تیاری ہے۔ یوں پندرہ جنوری کو اکیلے ہی آزاد کشمیر سے عازم سفر ہونے والے کیانی صاحب نے پورے پاکستان کی جس طرح سے سیر کروائی اور جہاں جہاں بھی گئے وہاں کے تجربات مشاہدات کے ساتھ ساتھ وہاں کی تاریخ بیان کرتے گئے یوں آپ اس سفر نامے کو بیک وقت سیون ان ون یا ملٹی پل سفر نامہ بھی کہہ سکتے ہیں جس میں زبان کی شششتگی باذوق قارئین کی آخری سطر تک انگلی تھامے رکھتی ہے۔ کتاب میں جغرافیہ، محل وقوع کے ساتھ پر لطف انداز بیان میں تاریخ بتائی گئی ہے۔ ان شہروں کے باشندوں کی بودوباش کا بھی تزکرہ ہے۔ خوبصورت تصاویر سے مزین یہ سفر نامہ عمدہ اشعار کو انگوٹھی میں نگینے کی طرح سموئے ہوئے ہے۔

اصل میں مصنف نے دوران تعلیم جہاں جہاں جن جن اداروں میں تعلیم حاصل کی کئی عشروں کے بعد وہ ان درسگاہوں میں گئے اور جن یار بیلیوں سے رابطہ قائم تھا۔ ان سے بھی ملاقات کی ایک صورت تھی انسان کی زندگی میں ایک مرحلہ ایسا بھی آتا ہے کہ اسے پرانے دوست، پرانی جگہیں، پرانی صحبتیں سب سے بڑا سرمایہ محسوس ہوتی ہیں یوں یہ کتاب انہی پرانے دوستوں کے ساتھ اپنی پرانی درسگاہوں میں جانے اور ماضی کی خوبصورت یادوں سے سجی ایک کتاب ہے جس کا دوسرا نام "یاراں نال بہاراں" بھی ہوتا توچنداں مضائقہ نہیں تھا۔

کتاب جامعہ پنجاب میں مصنف کی روانگی اور پھر لاہور کے اہم مقامات کی سیر اور روداد پر مشتمل ہے جن میں انار کلی، قذافی سٹیڈیم، داتا دربار، باغ جناح اور ریس کورس پارک سمیت بہت سے مقامات شامل ہیں۔ سب کی تاریخ اور جغرافیہ اضافی سبق کے طور پر دلچسپ انداز میں پیش کیا گیا ہے۔

لاہور سے روانگی کے بعد دوران سفر اپنا تجزیہ پیش کرتے ہوئے لکھتے ہیں:

"لاہور سے نکلنے کے بعد ایک گھنٹے کے فاصلے پر پہلا شہر پتوکی پڑا۔ پتوکی کو وہ پھولوں کا شہر قرار دیتے ہیں (پھولوں اور پودوں کی ریکارڈ نرسریوں کی وجہ سے) اوکاڑہ میں اپنے تعلیمی دور کے ساتھ کاشف سے ملاقات کا حال اس خوبصورت مصرعے میں لکھ کر حق ادا کر دیا" آملے ہیں سینہ چاکان چمن سے سینہ چاک"۔

ملتان کی بات ہو اور اس کے چار تحفوں کی بات نہ ہو یہ کیسے ممکن ہے؟ زکریا یونیورسٹی ملتان سے حصول علم کی پچیس سال پرانی یادوں کو یاروں کے ساتھ تازہ کرنے ،وہاں کے ناشتے کھانے اور مختلف مقامات کی سیر کرتے ہوئے وہاں کے مزاروں

درباروں کے متعلق آنکھوں دیکھی معلومات منتقل کرتے ہوئے وہ بلوچستان روانہ ہوتے ہیں راستے میں مشہور سیاحتی مقام فورٹ منرو، لورالائی، قلعہ سیف اللہ سمیت بہت سے علاقوں کے متعلق تفصیلات موجود ہیں۔ تاریخ جغرافیہ سے بھی اوپر کی چیز اس علاقے کے باشندوں ان کے طور طریقے پر لکھنا ہے۔ یہ کام جناب کیانی صاحب نے بہت عمدگی سے کیا۔ خواہ بولان میڈیکل کالج ہوں یا بلوچستان کا قبائلی جرگہ سسٹم وہ اپنے خیالات کے گھوڑے پر ہر جگہ سوار بگٹٹ دوڑتے دکھائی دیتے ہیں۔ ہنہ جھیل ہو یا اڑک آبشار سب کے متعلق لکھنے کا انداز اتنا جاندار ہے گویا قاری اور لکھاری اکٹھے ہی موجود ہیں۔

ایک حساس دل رکھنے والے پاکستانی نے بلوچستان کی زبوں حالی کا صرف تجزیہ ہی پیش نہیں کیا، حالات کا نوحہ لکھ کر فارغ نہیں ہوئے بلکہ ان مسائل کا حل پیش کیا ہے۔ لکھتے ہیں: "ریاست عملاً ماں کا کردار نبھائے بچے خواہ کتنے ہی ضدی کیوں نہ ہوں یہ ماں کی حکمت عملی ہوتی ہے کہ وہ انہیں کیسے راہ راست پر لاتی ہے"۔

قارئین کرام! ہر علاقے کے لوگوں میں وہاں کے بارے میں کچھ روایات اور حکایات سینہ در سینہ چلی آرہی ہوتی ہیں۔ کوہ مردار ان میں سے ایک ہے جس کے بارے میں درجنوں پر اسرار واقعات بیان کیے جاتے ہیں۔ کیانی صاحب نے ان پر بھی روشنی ڈالی ہے۔

بلوچستان سے بذریعہ سڑک سفر طے کر کے کیانی صاحب کراچی پہنچے وہاں کی سیر اور سیاحت کی روداد بہت معلوماتی اور دلچسپ ہے اگر کتاب ہاتھ میں لے کر پڑھی جائے اور اہم حصوں کو نشان زد کرنے کا بھی کہا جائے تو یہ کتاب جابجا نشان زدہ ہے بہت سے علاقے بہت سے واقعات بہت سی نئی باتوں کے بارے میں مجھے اس کتاب کے مطالعہ سے

پتہ چلا۔ کتاب ایسی ہی ہے کہ کہیں نہ کہیں کسی نہ کسی شہر یا جگہ سے پڑھنے والے کی یاد وابستہ ہو گی مجھے تو بہت سی جگہوں پر رک کر اپنی یادوں کا موازنہ کرنا پڑا۔ آپ بھی مطالعہ کریں اور اپنے ذوق سفر کی تازگی کا سامان مہیا کریں۔

* * *